NO
MORIRÉ

NO MORIRÉ

WANDA ROLÓN

CASA
CREACIÓN

La mayoría de los productos de Casa Creación están disponibles a un precio con descuento en cantidades de mayoreo para promociones de ventas, ofertas especiales, levantar fondos y atender necesidades educativas. Para más información, escriba a Casa Creación, 600 Rinehart Road, Lake Mary, Florida, 32746; o llame al teléfono (407) 333-7117 en Estados Unidos.

No moriré por Wanda Rolón
Publicado por Casa Creación
Una compañía de Charisma Media
600 Rinehart Road
Lake Mary, Florida 32746
www.casacreacion.com

A menos que se indique lo contrario, todos los textos bíblicos han sido tomados de la Santa Biblia, versión Reina-Valera, revisión 1960. Usada con permiso.

Diseño de la portada: Justin Evans
Director de diseño: Bill Johnson
Foto de portada: Yvette Francisco

Library of Congress Control Number: 2011924527
ISBN: 978-1-61638-097-7
E-book ISBN: 978-1-61638-339-8

11 12 13 14 15 * 5 4 3 2 1

Impreso en los Estados Unidos de América

Agradecimientos

EN PRIMER LUGAR quiero dar gracias a mi Dios y mi Señor por darme el privilegio de conocerle y por el regalo de vida recibido.

Gracias a Pablo, mi amado esposo, por haber aceptado caminar junto a mí de la mano del Señor. Hemos llegado hasta aquí porque eres un hombre bajo la autoridad de Dios. Nunca me has limitado sino que me has impulsado y ayudado en todo.

Gracias Mami por cuidar de mí en todo tiempo. Siempre he contado contigo. Eres un regalo de Dios. Tu amor es manifiesto en todo.

Gracias Marisol, mi hija, por honrarnos. Has sabido cumplir ese primer mandamiento con promesa: "Honra a tu padre y madre para que tus días se alarguen". Eres una tremenda hija y sierva del Señor. Te amo. Gracias por darme tres nietos maravillosos Carola Gabriela, Joseph Steven, y Alexandra Nicole.

Gracias Danita, mi pequeña, llegaste a nuestra casa para añadir chispa y alegría a nuestra vida. Además de la bendición del nieto más pequeñito Joshua Manuel, un regalo de Dios.

A mis yernos e hijos, Steven Hernández y Víctor Rodríguez, por cuidar de esos tesoros siendo ustedes una extensión de los brazos de mi Señor.

No podía faltar un gran hijo en quien se ha cumplido cada

promesa de Dios, a ti Axel Ortega, gracias por ser tan especial y honrarnos. Tu oración por mí también fue escuchada.

A toda mi familia gracias...

Alex Santana, incansable; Jeannette Rosa, intercesora; Dommys Delgado, canal de bendición; María Penagaricano, sensibilidad; Jacob Rivera, diligente; Pastor Saulo Hernández, respaldo; Damaris Laboy, apoyo; Elizabeth Torres, lealtad; Jorge Lampón, persistencia. Estos hermanos entre otros muchísimos dijeron manos a la obra a mis pastores asociados. Me faltarían páginas para mencionar a todos, pero solo les puedo decir con todo mi corazón: GRACIAS.

Quiero agradecer al *Tabernáculo de alabanza y restauración la senda antigua,* mi amada iglesia. Gracias a todos mis líderes por su entrega y dedicación al Señor en todos estos años y en momentos donde parecía que todo terminaba. Ustedes le creyeron a Dios y no se rindieron.

Gracias por su lealtad y fidelidad.

Gracias a todos los pastores y hermanos de tantos países que se unieron en oración para creer que el tiempo de los milagros no ha pasado. Cristo lo hizo.

Una visita muy especial que recibí mientras estuve en el hospital, fue la de los pastores Roberto y Awilda Candelario, del *Centro de la Familia Cristiana,* Orlando. Gracias por estar.

Agradezco a Dios por *Life Link* de Puerto Rico, organización a través de la cual las familias, a pesar de su dolor, donan los órganos de sus seres queridos para bendecir a otros.

Sonia Powell, gracias por ser tan especial.

Gracias Evelyn Echevarría, hoy estás en la presencia de Dios, pero fuiste un canal de bendición para mí. ¡Bendigo a tus hijos y a tu familia!

No puedo dejar de agradecer a todos los médicos y personal médico por su entrega, amor y vocación. Ustedes hacen que el dolor sea más llevadero.

A María del Pilar gracias por animarme cada día a escribir y contar esta historia al mundo.

Gracias a Onoris Calderón y a Luz Fernández, por su ayuda en la organización de este libro.

Gracias a Lydia Morales y a todo su equipo de *Casa Creación* por pensar que este libro será de gran bendición a miles de personas.

A todos los que nos han apoyado, ya sea con su oración y acompañamiento a lo largo de este camino. Gracias…

Contenido

Prólogo

OY GRACIAS AL Señor por darme la oportunidad, como apóstol y padre espiritual de la apóstol Wanda Rolón, de escribir este prólogo. Estoy muy agradecido y feliz de que ella sea mi hija espiritual. Wanda es una mujer con una gracia especial del Señor para este tiempo, que conoce la autoridad y sabe vivir en sumisión, lo digo con propiedad, porque como hija me rinde cuentas.

Es una mujer con autoridad porque sabe vivir bajo autoridad. Ha pagado un precio altísimo para establecer el Reino de Dios en su país, Puerto Rico. Fue perseguida, maltratada y criticada por ser una pionera. Hoy es una mujer de gran influencia en su país, tanto en el liderazgo cristiano como en esferas gubernamentales. Considero que ella ha abierto camino a muchas mujeres en Latinoamérica, y ha cerrado la boca de muchos hombres, apóstoles, profetas y pastores, que no creen en el ministerio apostólico, sobre todo en una mujer.

Wanda tiene las señales de un genuino apóstol operando en una mujer. Admiro su integridad, su transparencia y su amor por Dios. Desde que la conozco he visto que teme a Dios, le obedece y tiene pasión por Él, por las almas y por el Reino.

Recomiendo intensamente este libro porque creo que muchas personas que están en la misma situación que atravesó la apóstol Wanda: enfermedades, diagnósticos médicos terminales y mucho más, al leer este libro se sentirán animadas y desafiadas.

Cuando resumimos este proceso de tantos años de caminar en fe, de pruebas de fuego, de persecución, de ataques del enemigo, y vemos las grandes victorias que Wanda ha logrado para el Reino, nos damos cuenta que ésa es la formación del carácter de un hijo de Dios. Nuestro Padre celestial la ha formado, por eso hoy es una mujer temerosa de Dios.

Lo que ella imparte en este libro no es simple teología o teoría aprendida en una escuela, sino las experiencias de toda una vida: su infancia, su llamado, su vida de fe, su descubrimiento del enemigo, sus guerras espirituales y las veces que el diablo quiso matarla. Todo el proceso que usted leerá constituye una experiencia de vida, donde en todo se puede ver a Dios glorificado.

Lo invito a que reciba la impartición de alguien que tiene una experiencia real y personal con un Dios vivo, quien también puede liberarlo, sanarlo y levantarlo a usted. Como sucedió con Job, a quien Dios le devolvió el doble de lo que había perdido, en este libro vemos cómo Dios le devuelve a Wanda su salud y mucho más. Ahora está más saludable y rejuvenecida que nunca, y con un ministerio consolidado y de gran impacto. Este libro es una enorme bendición. ¡Léalo, recíbalo, créalo! Declaro que al leerlo usted será sano de cualquier azote.

La revelación en una persona confirma su llamado, y las experiencias lo establecen.

Su predicación, experiencias, testimonios, milagros, y las señales que siguen a Wanda son una confirmación de su llamado. Ella ha sido llamada a cambiar y transformar su país y las naciones del mundo.

Hija, le doy gracias a Dios por tu vida. Creo que el manto que está sobre mí para escribir, también está sobre ti para continuar expandiendo el reino de Dios. Éste es tu primer libro, pero no el último. Vendrán muchos más que bendecirán al pueblo del Señor.

—Apóstol Guillermo Maldonado

Introducción

No moriré ESTÁ basado en la fe que he puesto en Dios desde que lo conocí. Cuando me detectaron cáncer terminal tuve muchas preguntas pero aún así nunca dejé de confiar en Él ni en su Palabra.

El Señor jamás nos prometió un mundo sin problemas, Jesús dijo: "En el mundo tendréis aflicción", pero también dijo: "¡Confiad, yo he vencido al mundo!" (Juan 16:33).

Los momentos vividos fueron terribles tanto para mí como para mi familia y la iglesia, pero hasta con mis últimas fuerzas siempre pude cantar: "Yo le creo a Dios".

A través de estas memorias quisiera que entendieras que no estás solo. Ciertamente la vida nos sorprende por su fragilidad. Nos topamos con situaciones que no entendemos, independientemente si hemos entregado nuestra vida al servicio de Dios o no. Dios tiene un propósito con todo, de hecho fuimos creados por medio de Él y para Él (Colosenses 1:16).

Actualmente vivimos en una cultura que piensa que el dinero lo compra todo, pero a medida que leas las páginas de este libro notarás que eso no es así. ¿Dónde y a quién podía comprarle yo mi sanidad? Cuando sientas que no puedes más, que no tienes más alternativas y que todas las puertas están cerradas; alza tus ojos y mira a Dios. ¡Búscale! Solo con tu fe y tu obediencia podrás ver y obtener los cambios que anhelas.

El enemigo de las almas existe, yo lo conocí y luché contra él. Lo vencí en el nombre de Jesús. ¡Tú también puedes vencerlo! Pon tu confianza en Jehová, Él lo hará por ti y los tuyos.

Cuando la vida y sus desavenencias te hagan sentir destruido, sin fuerzas para seguir y hasta mencionen la hora de tu muerte, levántate como guerrero en el nombre de Jesús y pelea contra el gigante. Con Dios de tu lado eres del equipo ganador.

Con este libro pretendo motivarte a creer, a confiar y a saber que con Dios todo, sin Él, nada. Fui llamada al servicio de Dios en el año 1983, y desde ese momento mi confianza ha estado solamente puesta en Él. Cuando pensé que lo perdía todo y se me acababa el tiempo, ¡creí! Cuando nadie podía darme una respuesta positiva a mi situación, también creí en Dios. ¡Haz tú lo mismo!

—Apóstol Wanda Rolón

Capítulo 1

¿Por qué sufren las personas?

"Usted puede aguantar casi cualquier cosa, aun desplomarse sobre una cama de hospital, muriéndose. Usted puede aguantar casi cualquier cosa si sabe que Dios está a su lado."

DR. METER KREEFT

¿Te has preguntado alguna vez por qué sufren las personas? Frente a esta clase de cuestionamientos no es sencillo encontrar respuestas, ya que el sufrimiento no se detiene para responder, aunque nuestras preguntas sean profundas y tengan cierto grado de lógica.

Es por eso que ante el silencio del dolor surge la súplica de nuestro corazón. El sufrimiento nos lleva rápidamente a caer de rodillas y buscar intensamente la presencia de Dios. Necesitamos que la fe tome el control de nuestra vida, y creer que algo sobrenatural ocurrirá y nos quitará todo dolor. Porque cuando se trata de dificultades, de dolores y de sufrimientos, Dios suele tener una perspectiva diferente a la tuya y a la mía.

Como ya sabrás, el sufrimiento no era parte del plan original de Dios para este mundo pero llegó como consecuencia del pecado, hasta que Jesús llevó todos nuestros dolores, sufrimientos, debilidades y enfermedades en la cruz del Calvario. Él pagó el precio de nuestra salvación y nuestra liberación.

Si logras entender que la obra expiatoria de Cristo y el poder de su resurrección que lo levantó de entre los muertos opera dentro de ti, tu vida cambiará radicalmente. Ese mismo Espíritu que ha venido a morar a nuestro corazón opera en nosotros con eventos sobrenaturales.

Cuando la crisis llegó a mi vida, lloré amargamente delante de la presencia de Dios. Pero en medio de esa situación Dios comenzó a fortalecerme por medio del Espíritu Santo y su Palabra. Había un llamado que debía responder y cumplir. Bien sabía que la adversidad que produce el dolor, la enfermedad y el sufrimiento no iban a detener su obra en mi vida.

Un momento difícil

Jesús enfrentó la crisis y el sufrimiento con gran entereza. Él conocía el plan de Dios para su vida. En Jerusalén iban a suceder los hechos que marcarían y cambiarían la historia de la humanidad con la muerte de Jesús.

Si logras entender que la obra de Cristo opera dentro de ti, tu vida cambiará radicalmente.

Mientras iba de camino hacia esa ciudad, Jesús llamó a los doce discípulos y les comentó lo que sabía que vendría sobre su vida. Les dijo:

> "He aquí subimos a Jerusalén, y el Hijo del Hombre será entregado a los principales sacerdotes y a los escribas, y le condenarán a muerte, y le entregarán a los gentiles; y le escarnecerán, le azotarán, y escupirán en él, y le matarán; mas al tercer día resucitará" (Marcos 10:33-34).

Jesús no estaba ajeno a lo que iba a acontecer. Él sabía lo que tendría que vivir, sin embargo los hechos no lo desalentaron, por el contrario, lo animaban a cumplir lo que debía hacer. Pero antes de que todo eso ocurra, de camino a Jerusalén donde se consumaría su muerte, se detuvo en la ciudad de Jericó. Todavía había algo más que debía que hacer allí.

> "Entonces vinieron a Jericó; y al salir de Jericó él y sus discípulos y una gran multitud, Bartimeo el ciego, hijo de Timeo, estaba sentado junto al camino

mendigando. Y oyendo que era Jesús nazareno, comenzó a dar voces y a decir: ¡Jesús, Hijo de David, ten misericordia de mí! Y muchos le reprendían para que callase, pero él clamaba mucho más: ¡Hijo de David, ten misericordia de mí! Entonces Jesús, deteniéndose, mandó llamarle; y llamaron al ciego, diciéndole: Ten confianza; levántate, te llama" (Marcos 10:46-49).

Bartimeo representa el mal que afecta a nuestra sociedad actual. Son los adornos y/o accidentes culturales de nuestro medioambiente. El problema de ceguera física que tenía este hombre podemos relacionarlo con la ceguera espiritual que afecta la sociedad en nuestros días. Los Bartimeos están en todas partes pero nadie puede hacer nada por ellos, o simplemente no les interesa hacer nada, porque se han acostumbrado a verlos deambular así por la vida.

Bartimeo no tenía futuro. Su destino era amargo, de soledad, de oscuridad y de tinieblas para siempre. Pero ningún hombre fue creado para vivir así. De hecho, aunque sus ojos físicos no veían, sus ojos espirituales estaban capacitados para ver, si él así lo hubiera querido. Hay muchos que tienen ojos físicos en perfecto estado, pero sus ojos espirituales tienen aún mayor capacidad visual.

Hay ciegos espirituales por doquier, pero nadie quiere hacer nada por ayudar a los Bartimeos de la vida. Nos hemos acostumbrado a limpiar nuestras conciencias con simplemente un saludo o una moneda.

Cuando nacimos fuimos pensados como el poema de Dios,

jamás en los versos estuvieron escritas las palabras ruina, ceguera, oscuridad, destrucción, y menos aún la muerte.

En este tiempo la causa de la ceguera espiritual es fruto de la falta de fe. El enemigo de las almas, el diablo, tiene cegado el entendimiento de muchos. Solamente el espíritu del Señor puede romper, quebrar y desatar esa ligadura de impiedad que está establecida en la palabra.

> "El Espíritu de Jehová el Señor está sobre mí, porque me ungió Jehová; me ha enviado a predicar buenas nuevas a los abatidos, a vendar a los quebrantados de corazón, a publicar libertad a los cautivos, y a los presos apertura de la cárcel" (Isaías 61:1).

El diablo quiere apagar la voz de la conciencia, pues en algún momento la gente se da cuenta que no anda bien. Pero su propósito es cegar el entendimiento de la humanidad para que no les alumbre Cristo.

Un hombre de gran valor

Bartimeo era el hijo de Timeo, cuyo significado es "sumamente valioso". Dios, persigue a lo que él llamó "valioso" y no se olvida. Aunque te encuentres sumergido en la miseria, ¡Dios no se olvidará de ti!

Cuando nacimos fuimos pensados
como el poema de Dios.

¿Y qué hace alguien tan valioso en la esquina de una calle sin reconocer quién es, y procurando la limosna de quien pueda pasar a su lado? La palabra mendigo significa necesitado. Así se encuentra la humanidad hoy, mendigando y tocando puertas que son incorrectas. Bartimeo era "sumamente valioso", pero en verdad él no lograba percibir quién era en el mundo espiritual.

Aunque te encuentres en tinieblas debes saber que eres sumamente valioso para Dios. Si el enemigo te dijo que Dios no te quiere, debes saber que te miente porque él nunca ha hablado la verdad. Tú eres valioso e importante para Dios aunque andes en tinieblas. Al enemigo no le gusta perder, y menos si te pierde a ti.

Jesús vino a la humanidad diciendo: "Yo soy la luz del mundo, y mientras esté con ustedes seguiré siendo esa luz. Cuando yo me vaya, ustedes serán la luz de la Tierra". ¡Hay que seguir alumbrando! Aunque las tinieblas cubran la tierra, sobre ti amanecerá Jehová y sobre ti será vista su gloria.

La falta de visión le había permitido a Bartimeo agudizar su sentido auditivo. Entonces, al escuchar que Jesús estaba por ahí, comenzó a clamar diciendo: "¡Jesús, Hijo de David, ten misericordia de mí!". Muchos le reprendían y le decían que se calle. Pero esa era la oportunidad que Bartimeo tenía para ser sano, y no quería perderla.

A veces no detectamos cuáles son las oportunidades que Dios nos da para saber aprovecharlas. Pero debemos saber que cuando tomamos una decisión para crecer y avanzar, viene la oposición. Toda decisión va a traer una reacción. Si estamos decididos y determinados a hacer algo, no van a faltar los opositores a esa idea, y sobre todo cuando tiene que ver con asuntos espirituales.

Mientras Bartimeo pronunciaba: "¡Jesús, Hijo de David, ten misericordia de mí!", reconocía su miseria y su condición. Pero él no dejaba de gritar. Es por eso que la Palabra dice: "Esforzaos a entrar por la puerta angosta; porque os digo que muchos procurarán entrar, y no podrán" (Lucas 13:24).

Al tomar una decisión por Cristo, cerramos la puerta ancha y comenzamos a caminar por la puerta estrecha, que es la que conduce al cielo. La salvación es individual, en cambio el camino al infierno es colectivo. Aceptar a Cristo, aunque todo el mundo se oponga, es una decisión personal. No importa si te apoyan o no, no es necesario consultar con nadie. ¡No discutas cosas del Reino con gente que no sabe lo que es el Reino! Debes saber que cuando la oposición es fuerte, hay que ser fuerte contra la oposición. Solo los fuertes y los firmes vencerán.

"Pero el hombre natural no percibe las cosas que son del Espíritu de Dios, porque para él son locura, y no las puede entender, porque se han de discernir espiritualmente" (1 Corintios 2:14).

Bartimeo tuvo mucha oposición para que dejara de clamar ante el paso de Jesús, pero no se rindió. Los que te critican, te persiguen, se burlan y te señalan, son más ciegos todavía. Como en los días de Noé, cuando él anunció el diluvio y la gente creyó que estaba loco. No permitas que te hagan callar cuando Dios comenzó a iluminarte y dirigirte. ¡No permitas que nada te detenga!

Somos valiosos para Dios. Pon tu confianza en Él. Aunque parezca que Dios está ocupado, y alguien pueda decir que no escucha nuestro clamor y oración, debemos seguir en intimidad con él, pues algo ocurrirá. Todo lo que pidamos al Padre en el nombre de Jesús creyendo, Dios lo va a hacer. Esa es nuestra confianza. La crítica no puede detener tu clamor ni tu búsqueda.

Luego de superar la crisis, las críticas, las oposiciones y batallas, Jesús llamó a Bartimeo.

> "Entonces Jesús, deteniéndose, mandó llamarle; y llamaron al ciego, diciéndole: Ten confianza; levántate, te llama" (Marcos 10:49).

> "Respondiendo Jesús, le dijo: ¿Qué quieres que te haga? Y el ciego le dijo: Maestro, que recobre la vista. Y Jesús le dijo: Vete, tu fe te ha salvado. Y en seguida recobró la vista, y seguía a Jesús en el camino" (Marcos 10:51-52).

Jesús iba camino a morir, pero antes de entrar a Jerusalén pudo discernir que había un hombre clamando en Jericó y acudió a él. Hoy, dondequiera que te encuentres, sí clamas a Jesús Él acudirá a tu encuentro, porque sabe dónde estás y está dispuesto a detenerse para llegar hasta ti.

Un plan de Dios

Dios había puesto sus ojos sobre mi vida, y junto con su mirada un llamado a servirle marcó mi corazón.

Somos valiosos para Dios.

Siempre me gustó mucho ayudar a la gente. Tuve una inclinación dirigida a resolver situaciones, a atender al necesitado y ayudar a los indefensos. Amo a la gente. De hecho, en ocasiones llegaba tarde a mi trabajo por ayudar a alguien en necesidad, aún cuando no lo conociera. Este amor para con los demás y deseo de ayudar, aunque en ese entonces no lo sabía, era parte del propósito de Dios para mí y de su llamado a servirle. La gracia y el favor de Dios eran manifiestos en mi vida desde el principio, y no me había dado cuenta de ello hasta que Dios me lo dijo.

Para ese tiempo conocí a un gran hombre, Pablo Ortega, que siempre me ha respetado, apoyado y amado. Luego de un tiempo nos casamos, y como toda pareja joven teníamos muchos sueños y el gran deseo de levantar nuestro hogar lleno de felicidad. Así lo hicimos y construimos nuestra casa en un hermoso campo de Puerto Rico. Todo era alegría, y mi esposo se había transformado en mi primer admirador.

Creía que lo teníamos todo: juventud, buenos empleos y mucho amor entre nosotros. En fin, éramos una pareja enfocada en la vida. Como un complemento adicional a todo esto, contaba también con un don especial que Dios me regaló: la música. Toco la guitarra y canto desde pequeña, talento que me permite llevar alegría y buenos momentos a la gente que uno ama.

Dios, que conoce mi corazón, tenía planificado algo muy especial para sorprenderme y atraerme hacia Él con sus cuerdas de amor. No me canso de ver cómo manifiesta su amor y utiliza todos los recursos para acercarse a nosotros, pues Él es quien nos anhela celosamente.

Todos los que oyen la voz de Dios y la obedecen, son usados en diversas maneras, pues todos tenemos acceso e influencia a muchas personas. No hay necesidad de tener un micrófono en la mano para establecer el reino de Dios y atraer esas vidas que tanto necesitan al Señor. Uno siembra y otro cosecha, pero todo es para la gloria de Dios. Para que el propósito de Dios se cumpla en nuestra vida debemos ser muy diligentes y estar atentos para discernir qué es lo que desea que hagamos.

En Navidad, la época que realmente más me gusta, la gente tiende a compartir y alegrarse aunque ni siquiera tenga muy claro qué es lo que se celebra, llegó a nuestra casa una linda invitación. Para ese entonces vivíamos en el campo, y alguien usado por el Señor llegó hasta allí para invitarnos a asistir a un servicio evangelístico especial. Este se realizaría en la casa de nuestro vecino, el Dr. Rivera. Aprovecho la oportunidad de reconocer que el Dr. Rivera fue un incansable misionero que puso el nombre de Dios muy en alto, y Dios escogió su hogar para que yo tuviese un encuentro con Jesús.

Pero luego de recibir esa invitación me percaté que la fecha coincidía con una fiesta de Navidad de la compañía donde mi madre trabajaba, y el "Trío Reina" había sido contratado para amenizar la reunión.

> Uno siembra y otro cosecha, pero
> todo es para la gloria de Dios.

Realmente en mis planes no estaba asistir a ese servicio de Navidad. Nunca pensé que Pablo, mi esposo, iba a tener algún interés, pero me mencionó que tenía deseos de ir a escuchar al predicador. Hice todo lo posible para que él se olvidara, pero no lo logré. En mi ignorancia pensé que era imposible cambiar una fiesta por una reunión de adoración.

Hoy en día mucha gente actúa como yo lo hice en el pasado. Pretenden vivir alejados de Dios. No se dan cuenta que fuimos creados para la alabanza de su gloria, que vinimos a este mundo con un destino y propósito divino. Independientemente de tu llamado, Dios te ha creado para que le sirvas. Sin Él nuestra vida no está completa.

El día de la fiesta llegó y decidimos asistir. Te aseguro que intenté por todos los medios que Pablo se envolviera en la diversión, pero no lo logré. En un momento dado, él se levantó y me dijo: "Voy a la fiesta de la iglesia". Pensé que no era adecuado dejarlo ir solo, así que lo acompañé.

Llegamos, e inmediatamente comenzó a prestar atención al predicador, y en verdad yo no tuve más remedio que hacerlo también. Dios me acorraló. Por un lado escuchaba las trompetas sonando en la fiesta, y por otro lado a este joven hablando. De pronto me encontré muy concentrada escuchando lo que él decía.

El sonido de las trompetas se opacó por completo y lo único que escuchaba eran las palabras del predicador. Antes de concluir su prédica lo escuché haciendo una invitación a pasar al altar. Allí, en aquella gravilla, me tiré de rodillas y con lágrimas en mis ojos acepté a Jesús como mi Salvador personal. ¿Saben algo? ¡Ese día Pablo no pasó al frente conmigo!

Grande es Dios que le dio la visión a esta gente para realizar ese gran servicio, aunque el fruto parecía insignificante. Pero jamás debemos menospreciar lo que Dios hace. Esa noche, el único fruto de ese gran esfuerzo, fui yo. ¡Gloria a Dios!

Así fue que comenzamos a asistir a una pequeña iglesia. Luego de un tiempo, Pablo recibió también a Jesús en su vida. Ahora los dos y nuestra pequeña hija, Marisol, le servíamos al Señor. No había lugar donde Dios no nos hablara.

Chicago, nuestro siguiente destino

Por algunas circunstancias tuvimos que trasladarnos a la ciudad de Chicago, Estados Unidos. Allí comenzamos a servir en la *Iglesia Juan 3:16*, pastoreada por José y Lydia Contreras.

Durante algunos años nos congregamos allí. Crecimos y servimos a nuestros pastores con todo nuestro corazón. Para ese entonces habíamos abierto un comercio muy próspero y teníamos una vida por delante.

Mi enorme deseo de compartir a Jesús con los demás era la pasión de mi vida. Por lo que le pedí a Pablo que me permitiera tener libre los días miércoles, para poder repartir tratados y salir a evangelizar. En varias oportunidades, amigos y hermanos de la iglesia, cuando me veían en la calle y no sabían lo que yo hacía, pues era algo entre Dios y yo, me ofrecían transportación pensando que estaba a pie.

Para ese tiempo en nuestra iglesia, así como en otras congregaciones, los varones acostumbraban sentarse a un lado y las damas en el otro, aún cuando estuvieran casados.

Una noche, sentados en lugares distintos del templo, Dios nos habló. Unas hermanas gemelas que eran evangelistas fueron invitadas a predicar y en medio de su prédica nos llamaron, a mí de un lado, a Pablo del otro, frente al altar. Una de ellas nos preguntó si estábamos casados, a lo que contestamos de manera afirmativa. Luego señaló a Pablo y le dijo: "No temas, pues Dios ha escogido a tu esposa para un gran ministerio. Ella será la pastora y tú estarás siempre a su lado, y los llevaré a lugares que jamás han imaginado, porque yo los escogí".

Aquellas palabras nos impresionaron de tal manera que comenzamos a llorar. Un mes después de esa profecía recibí una llamada de nuestro pastor, quien comenzó a decirme "pastora". Con asombro le respondía: "No, pastor, soy la hermana Wanda Rolón". Él me reiteró: "Hoy declaro que tú eres pastora".

En el año 1983 Pablo sintió la fuerte convicción de regresar a Puerto Rico para establecernos definitivamente en nuestra hermosa tierra. Compramos una casa de dos niveles en Toa Alta y levantamos un negocio allí. Establecimos una cafetería la cual nos dejaba muy buenos dividendos, y comenzamos a congregarnos en una iglesia, sin pensar que un día yo sería la pastora de aquella congregación.

Dios nos había llamado con un propósito. Se detuvo en nuestra vida para comenzar a hacer realidad el plan sobre nuestra familia.

Es tiempo de creer y confiar. Es tiempo de saber que Dios puso su mirada en ti también. Él te está llamando.

Capítulo 2

Confía en Él

S I DE ALGUIEN podemos decir que tenía un Doctorado en la carrera de confiar en Dios, ese era David. En muchos momentos de su vida y ministerio atravesó por situaciones difíciles. Al igual que tantos hombres de Dios, en ocasiones te llenas de ansiedad a causa de tu enemigo, ya que parece ser más grande y fuerte que tú.

Pero es en ese momento que el Señor te hace recordar que el que está contigo es más grande y más poderoso que el que está afuera. El que está contigo es más grande y más poderoso que la situación que hoy te rodea y te atormenta. Tu enemigo quiere hacerte creer que el diagnóstico médico, la situación económica, la familia, o la dificultad que estés atravesando, pueden más que tú. Pero hoy es necesario que sepas que no hay nadie más grande y más poderoso que Jehová. Y tú y yo estamos del lado del Vencedor. Confía en Él.

La Palabra dice:

> "Estos confían en carros, y aquéllos en caballos; mas nosotros del nombre de Jehová nuestro Dios tendremos memoria. Ellos flaquean y caen, mas nosotros nos levantamos, y estamos en pie" (Salmo 20:7-8).

¡Ay de los que confían en sus fuerzas y recursos! ¡Ay de aquellos que ponen su confianza en su propia sabiduría! ¡Ay aquellos que ponen su confianza en lo que tienen en el banco!

La Biblia cuenta que en un momento dado, en las postrimerías de su vida, de su ministerio, de su reinado, David se sintió amenazado por sus enemigos y mandó a censar al pueblo. Esto parece una decisión lógica de parte de un Rey. Es posible que David estuviera ejerciendo en esta decisión su gobierno. Pero no

fue este el caso. Dios ordenó a David que realizara este censo y
la Biblia lo dice así:

> "Volvió a encenderse la ira de Jehová contra Israel, e
> incitó a David contra ellos a que dijese: Ve, haz un
> censo de Israel y de Judá" (2 Samuel 24:1).

Cuando has peleado batallas tan grandes y has visto cómo
Dios te ha dado la victoria, no debes dudar que una vez más Él
lo hará. David supo lo que era pelear con muchos y con pocos.
Porque él sabía que la batalla era de Jehová y que era Él quien
concedía la victoria.

A través de ese censo David podría saber con cuántos hombres de guerra contaba, porque iba a necesitarlos. No hay nada
de malo en querer saber con qué cuentas, pero solo si es afirmando tu confianza en Dios, pues lo que es imposible para los
hombres es posible para Dios.

No sé qué situaciones estarás atravesando mientras lees este
libro, pero debes tener en claro que Dios te está hablando.
Quiere que pongas tu confianza en Él. Que le encomiendes a Él
tu camino. Que aprendas a depender y a confiar, absolutamente,
en Dios.

> "Y dijo el rey a Joab, general del ejército que estaba
> con él: Recorre ahora todas las tribus de Israel, desde
> Dan hasta Beerseba, y haz un censo del pueblo, para
> que yo sepa el número de la gente. Joab respondió al
> rey: Añada Jehová tu Dios al pueblo cien veces tanto
> como son, y que lo vea mi señor el rey; mas ¿por
> qué se complace en esto mi señor el rey?" (2 Samuel
> 24:2-3).

Joab, general del ejército de David, dijo: "Añada Jehová tu Dios al pueblo cien veces tanto como son, y que lo vea mi señor el rey". No sé qué es lo que tú estás mirando. No sé qué está atrapando tu atención, pero debes reconocer y ver lo que Dios ve. No importa si eres tú y Dios solamente, estás en mayoría. No importa si tu cuenta bancaria quedó en cero o si tu enfermedad está avanzada, si Dios está contigo, estás en mayoría. ¡Estás en posición de ganador, de vencedor!

No importa cuántos te hayan abandonado, tú sigues diciendo: ¡Dios está conmigo! A lo largo de mi vida enfrenté muchos momentos difíciles, pero Dios estuvo conmigo y fui vencedora. Porque el Dios que yo he conocido es el Dios de la grandeza, el que hizo los cielos y la tierra, el que me dijo que me lo había dado todo.

"Pero la palabra del rey prevaleció sobre Joab y sobre los capitanes del ejército. Salió, pues, Joab, con los capitanes del ejército, de delante del rey, para hacer el censo del pueblo de Israel" (2 Samuel 24:4).

A veces queremos operar como lo hace el mundo, con censos, con cantidades, con finanzas supuestamente maravillosas. Pero nosotros siempre estamos en posición más ventajosa. David veía que las otras naciones tenían tantos soldados y quiso saber qué tenía él. Muchas veces es necesario hacer este tipo de censos y balances en nuestra vida. Son necesarios, pero sin dejar de: Confiar en el Dios Todopoderoso, el que levanta tus manos para la batalla.

Pero hasta que los soldados regresaban de recorrer Jerusalén y Judá para realizar el censo pasaron varios meses, y el temor comenzó a invadir el lugar. El temor te hace hablar contrariamente al propósito de Dios, a claudicar en la fe, a dudar la palabra profética que Dios te ha dado. El temor hace que revoques las promesas de Dios, que son fieles y verdaderas. Pero nosotros no dependemos de la economía y la seguridad terrenal, porque vivimos mediante un sistema que está por encima de este. El Reino de Dios se establece en un pueblo que le cree a Dios. El Reino es una forma de vivir, un estilo de vida, un gobierno más excelente que el que estamos viendo. Muchas veces el enemigo, astutamente, nos intimida de tal manera que, aún siendo gente del Reino, gente de Dios, hablamos peor que la gente del mundo, y a veces operamos bajo esa intimidación. ¿En quién confías? ¿En quién has puesto tu confianza: en tu trabajo, en tu fuerza, en tu belleza, en tus talentos?

> No importa si eres tú y Dios
> solamente, estás en mayoría.

Aun el rey David, que era un hombre conforme al corazón de Dios, tuvo la tentación de hacer un censo al pueblo. Joab le preguntó antes de hacerlo: "¿Por qué se complace en esto mi señor el rey?". Pero la palabra del rey prevalece.

El ejército censó al pueblo y luego de verificar todo regresaron a rendir cuentas:

"Después que hubieron recorrido toda la tierra, volvieron a Jerusalén al cabo de nueve meses y veinte días. Joab dio el censo del pueblo al rey; y fueron los de Israel ochocientos mil hombres fuertes que sacaban espada, y los de Judá quinientos mil hombres" (vv.8-9).

Era hasta lógico que un rey sepa con qué contaba e hiciera su censo, pero en el reinado de David era diferente. Él tenía que haber aprendido a confiar en Dios. Él dependía de Dios. Y tú ¿de quién dependes?

Pero algo ocurrió después del reporte. David sintió pesar en su corazón por haber ido a censar a su pueblo. Cada vez que se daba cuenta que había cometido un error, inmediatamente pedía perdón. Por eso era un hombre conforme al corazón de Dios, nunca dijo que era un hombre perfecto, pero Dios lo amaba.

¡Qué importante es reconocer cuando hemos pecado! ¡Ya que podemos avanzar y humillarnos delante de la presencia de Dios! Porque si confesamos nuestro pecado y nos apartamos de él, alcanzaremos misericordia. Pero, ¡ay de aquel que peca, y continúa pecando! Llegará un momento en el que ya nada le redarguye, y lo triste es que piensa que todo está bien. ¿Crees que Dios se agrada de un corazón así?

David entonces dijo a Jehová:

> "Yo he pecado gravemente por haber hecho esto; mas ahora, oh Jehová, te ruego que quites el pecado de tu siervo, porque yo he hecho muy neciamente" (2 Samuel 24:10).

Cuando a la mañana siguiente David se levantó, vino un profeta llamado Gad, vidente de David y dijo:

> (…) "¿Quieres que te vengan siete años de hambre en tu tierra? ¿o que huyas tres meses delante de tus

enemigos y que ellos te persigan? ¿o que tres días haya peste en tu tierra? Piensa ahora, y mira qué responderé al que me ha enviado" (vv.12-13).

El pecado tiene consecuencias. Imaginen lo que habrán pensado los valientes de David mientras eran censados. Se tienen que haber sentido desmoralizados. Varón, hombre, Dios no te llamó a desmoralizar tu casa. Dios te llamó a llevar ese hogar de victoria en victoria y de triunfo en triunfo. Cuando entres a tu casa, declara la Palabra de Dios. Cuando hables con tus hijos, declara que Jehová es tu Proveedor y tu Ayudador. Cuando hables con tu esposa, déjale saber en quién has confiado, que sobre ti hay autoridad, que tú eres autoridad.

David casi desestabiliza su ejército. Fuimos llamados a mantener estable todo lo que está a nuestro alrededor. Porque no vivimos por vista, sino por fe. Creemos y hablamos. Uno declara la palabra aunque no lo esté viendo, porque el justo por su fe, vivirá.

David debía escoger un castigo. Las consecuencias de lo que hizo David las iba a pagar el pueblo. Si eres el líder de tu casa, las cosas que haces repercuten sobre los tuyos.

Cuando determinamos salir de Chicago sabíamos que era una decisión muy importante. Dios había hablado a nuestra vida, sin embargo mi preocupación era que mi hija Marisol se desprendiera de aquella congregación donde había crecido y comenzado sus primeros pasos en el ministerio y se acostumbrara a su nueva congregación. Pero como todo estaba dado en el tiempo de Dios, lejos de rebelarse, mi hija se arraigó a la nueva congregación. Hoy es una pastora de nuestra casa.

Hay gente que toma decisiones sin pensar en las consecuencias.

Tus hijos te están mirando. Fortalécete en el Señor. Sigue hacia adelante. No permitas que tus malas decisiones tengan consecuencias nefastas a los tuyos.

Las opciones que David tenía eran:

- Hambre en la tierra

- Huir tres meses delante de sus enemigos y que ellos lo persigan

- Tres días de peste en su tierra

¡Qué difícil decisión!

"Entonces David dijo a Gad: En grande angustia estoy; caigamos ahora en mano de Jehová, porque sus misericordias son muchas, mas no caiga yo en manos de hombres. Y Jehová envió la peste sobre Israel desde la mañana hasta el tiempo señalado; y murieron del pueblo, desde Dan hasta Beerseba, setenta mil hombres" (vv.14-15).

De pronto, David prefirió caer en la mano de Dios que en la de sus enemigos, porque él conocía que mayor es su misericordia. Entonces Dios envió la peste y murieron setenta mil hombres de su pueblo. ¿No estaba David queriendo contar a su gente? ¿No estaba pensando en la fortaleza que no tenía? Y se estaba dejando intimidar por ejércitos ajenos. David quiso utilizar el sistema de otras naciones.

Hay gente que toma decisiones sin
pensar en las consecuencias.

Pero algo ocurrió luego que la peste fuera enviada para destruir.

"Y cuando el ángel extendió su mano sobre Jerusalén para destruirla, Jehová se arrepintió de aquel mal, y dijo al ángel que destruía al pueblo: Basta ahora; detén tu mano. Y el ángel de Jehová estaba junto a la era de Arauna jebuseo" (v.16).

Hay personas que no le dan importancia, y hasta hablan mal de la ofrenda para Dios, restándole importancia a ese acto de adoración. Y me da mucha tristeza que el pueblo viva al margen de las bendiciones que Dios tiene para ellos. La ofrenda es algo consagrado y sagrado para Dios. Y en medio de la peste que estaba matando al pueblo, Dios manda decirle a David a través de Gad que "levante un altar en la era de Arauna".

"Y David dijo a Jehová, cuando vio al ángel que destruía al pueblo: Yo pequé, yo hice la maldad; ¿qué hicieron estas ovejas? Te ruego que tu mano se vuelva contra mí, y contra la casa de mi padre. Y Gad vino a David aquel día, y le dijo: Sube, y levanta un altar a Jehová en la era de Arauna jebuseo. Subió David, conforme al dicho de Gad, según había mandado Jehová" (vv.17-19)

Allí, en la era de Arauna, había bueyes y ovejas para presentar como ofrenda en el altar a Dios. Una ofrenda de sacrificio que detuviera la mano de Dios. La Palabra continúa relatando que David avanzó en obediencia a levantar un altar en una tierra que no era la de él, sino de Arauna, un hombre jebuseo.

Cuando Arauna vio al rey y a sus siervos que llegaron a su tierra, se inclinó y puso su rostro en tierra, y luego le preguntó: "¿Por qué viene mi señor el rey a su siervo? Y David respondió: Para comprar de ti la era, a fin de edificar un altar a Jehová, para que cese la mortandad del pueblo".

Entonces Arauna le dijo al rey David que tomara y ofreciera lo que bien le pareciere. Ahí había bueyes para el holocausto, y los trillos y los yugos de los bueyes para leña. David podía tomar todo lo que necesitara del lugar. Arauna solo esperaba que "Jehová Dios sea propicio a David".

Tú no estás en victoria por las dimensiones de tu casa ni por lo que vas a vender en tu comercio, ni por todo lo que Dios te ha dado. Estás en victoria porque Dios está contigo. Y si Dios es contigo, ¿quién contra ti? Si Dios te dio la victoria en el pasado, te la vuelve a dar hoy. No dependes de los que te sigan, ni de los que están a tu lado. Dependes de Jehová de los Ejércitos.

Asegúrate de hacer la voluntad de Dios y estar donde Dios quiere que estés. Porque si Dios está, todo va a fluir. Porque si Dios está, la victoria es segura. Ese es mi secreto en la vida.

No puedes moverte por la lógica, que dice cosas como que "un hacha no puede flotar". Pero el hacha flotó en el nombre de Dios. La lógica dice que "los muertos no resucitan", pero Cristo resucitó. La lógica dice que "el cáncer no tiene cura", pero yo fui sana de esa enfermedad y aquí estoy. La lógica dice muchas cosas, pero ¿de qué dependes tú: de lo que dice la lógica, de lo que dicen los hombres, o de lo que dice Dios en su Palabra?

Arauna le ofrece todo al rey David para que pueda ofrecer holocausto a Dios, todo lo que podía llegar a necesitar, sin embargo David le responde:

> "No, sino por precio te lo compraré; porque no ofreceré a Jehová mi Dios holocaustos que no me cuesten nada. Entonces David compró la era y los bueyes por cincuenta siclos de plata. Y edificó allí David un altar a Jehová, y sacrificó holocaustos y ofrendas de paz; y Jehová oyó las súplicas de la tierra, y cesó la plaga en Israel" (vv. 24-25).

David quiso comprar todo a Arauna porque quería ofrecer a Dios algo que le costara. David pensó: "Hay una peste que está matando al pueblo. Estoy perdiendo hombres por millares cada segundo. No voy a ofrecer a Jehová, mi Dios, un holocausto que a mí no me cueste nada".

Dale siempre lo mejor de ti a Dios. Puedo dar testimonio en mi vida que nunca nada me ha faltado. Pues cuando han venido situaciones difíciles, es el momento que hacemos ofrendas de pacto, y hasta aquí Dios nunca ha fallado.

Entonces David le dio al Señor aquello que compró, la mortandad se acabó, y junto con esta enseñanza la profunda lección de aprender a confiar en Dios. Nunca más David "censó" al pueblo. Tus fuerzas no son tus fuerzas, son las de Dios.

> "Fortaleceos en el Señor, y en el poder de su fuerza" (Efesios 6:10).

Dios no te va a abandonar. Esta noche no te vas a acostar sin comer. Haz lo que hacían los misioneros en el Amazonas. Ellos preparaban los platos, ponían la mesa como para sentarse todos a comer, aún cuando no tenían qué cocinar.

Dale siempre lo mejor de ti a Dios.

Siempre recuerdo el milagro de la familia Cruz, ellos eran misioneros, y lo único que tenían para cenar era huevos que iban a freír. El testimonio fue que solamente tenían tres huevos de gallina y eran seis de familia. Como diría la lógica, solamente tres de ellos iban a comer, pero lo sorprendente de Dios no tiene esa lógica. Cada vez que su esposa Cristina rompía un huevo en la sartén, era doble. Tenía dos yemas. Esa noche comieron todos.

Dios se glorifica aún en las cosas más pequeñas, Encomienda a Jehová, el Dios de la provisión, tu camino. Confía en Él y Él hará. ¿En quién estás confiando? Toma ese contrato, preséntaselo en oración al Señor y haz pacto con Él. Dios está buscando hombres y mujeres que le crean.

Yo le creo a Dios

David aprendió su lección, y en las postrimerías de su reinado pudo ver la mano de Dios y su misericordia. Lo mismo ocurrió en mi vida. Desde que acepté a Jesús como mi Salvador, aprendí a creer en Él. Aprendí a conocerlo y a creer en su Palabra, la cual me ha dado la victoria.

Dios sabía de mi fe y mi confianza en Él, por eso, luego de algunos años de pastorear en nuestro nuevo templo con capacidad para 2,500 personas, el cual habíamos construido con mucho esfuerzo, me lanzó otro reto de fe. Nos habló de levantar una casa más grande para adorar su nombre. Realmente no contábamos con los recursos económicos necesarios para un proyecto tan grande como el que Dios nos estaba animando a hacer.

Cada vez que invitábamos a alguien a nuestra iglesia a predicar, Dios nos hablaba de lo mismo: un lugar mucho más grande. Predicadores de la talla del evangelista Alberto Mottesi, el profeta Ronny Chávez, entre otros, siempre nos daban palabra de desafío para construir un nuevo lugar en el que podríamos recibir a miles de personas. Este nuevo lugar, de acuerdo a lo que Dios me había dicho, debía tener capacidad para reunir unas 5000 personas, entre otras especificaciones y detalles. Medité en estas palabras de Dios, de un "proyecto gigante", y decidí actuar en fe. Al fin y al cabo, el Señor es el dueño del oro y la plata, y si Él lo dijo: Yo le creo a Dios. Gracias a mi amado esposo que siempre ha corrido con la visión de Dios para ponerla por obra. De ahí que lo llaman: Pablo, el Pastor que construye.

Años antes de edificar nuestro primer templo yo había puesto mis ojos en un lugar que me gustaba mucho. Conseguí información sobre el dueño de ese terreno y decidí visitarlo. Con mucha fe, un maletín que siempre usaba para estas "ocasiones especiales", mi hija Marisol y una hermana del ministerio, fuimos a verlo y le hice una oferta que le pareció ridícula, y nos dejó con la palabra en la boca. Fue sumamente embarazoso para mí, pero levanté mi cabeza y seguí. En mi corazón yo sabía que había reclamado ese lugar, y decidí dejarlo en las manos de Dios.

Diez años después, ese mismo terreno estaba disponible y nosotros con un nuevo desafío. Hacía un tiempo se había quemado la estructura que habían levantado. La diferencia en esta oportunidad fue que el nuevo dueño de la propiedad vino a buscarnos. Él nos contactó. Esta persona llegó a mi oficina y dijo:

—Puedo ver a la pastora Wanda Rolón.

Era evidente que él no me conocía pues fue a mí a quien le pregunté. A lo que respondí:

—¿Para qué la busca?

—Lo que sucede es que supe que ella estaba interesada en el terreno que queda aquí al lado, —respondió.

Al darme cuenta de las intenciones de esta persona, me identifiqué. Luego de conversar un rato, supimos que este señor tan respetuoso tenía una necesidad espiritual, acababa de ser operado a corazón abierto. Así que aprovechamos la oportunidad y oramos por él.

Luego me habló sobre el terreno, a lo que respondí afirmativamente en cuanto a mi búsqueda e interés hacía ya bastante tiempo, pero luego de la negativa del dueño anterior habíamos decidido construir en un nuevo lugar. Él insistió que era a mí, a quien debía venderme el terreno. Entonces le dije que mantenía la misma oferta que había hecho años atrás.

Para mi sorpresa, la oferta fue aceptada. Entonces, con toda autoridad le dije al dueño: "Esta es la cantidad, pero no tengo un centavo, así que tendrá que financiármela". Aceptó y cerramos el trato. ¡Así es Dios!

Cuando le creemos a Él, hay que llamar a las cosas que no son como si fueran. Debemos movernos en fe. Nunca el dinero ha sido un impedimento para que hagamos la voluntad de Dios. Nunca la falta de finanzas debe ser un obstáculo para nuestra fe.

Una tarde, luego de terminar nuestro servicio de adoración,

los integrantes del ministerio de alabanza y de danza, junto con toda la iglesia, salimos del templo y caminamos por la carretera hasta llegar a los nuevos terrenos donde construiríamos el Tabernáculo.

Allí sólo había tierra, pero celebramos como si hubiera piso, paredes, techo y sillas. Celebrábamos nuestra victoria y anticipábamos las reuniones de Gloria que viviríamos en aquel lugar.

> Nunca la falta de finanzas debe ser
> un obstáculo para nuestra fe.

He aprendido que mi confesión debe siempre estar en línea con la Palabra de Dios. Aunque no lo viera con mis ojos naturales, sé que Dios no miente, pues no vivo por lo que veo sino por lo que creo.

El 25 de julio del 2000 inauguramos el *Tabernáculo de Alabanza y Restauración La Senda Antigua*. Ese mismo día se conmemora en Puerto Rico, el Día de la Constitución. Para nosotros fue un gran día de fiesta. Miles de personas celebramos el triunfo de ver cumplida la palabra profética que Dios nos había dado sobre el nuevo templo. Fue un año hermoso. Nunca imaginé que, en medio de la celebración de nuestro primer aniversario, estaba a punto de recibir una noticia que cambiaría mi vida.

El apóstol Pablo dice en 1 Timoteo 6:12: *"Pelea la buena batalla de la fe, echa mano de la vida eterna, a la cual asimismo fuiste llamado, habiendo hecho la buena profesión delante de muchos testigos"*.

Pero, ¿cuál es la buena batalla? Es aquella que comienza con la posición de VICTORIA. Victorias grandes son el resultado de batallas grandes. No podemos olvidar lo que la Biblia dice:

"En lo cual vosotros os alegráis, aunque ahora por un poco de tiempo, si es necesario, tengáis que ser afligidos en diversas pruebas, para que sometida a prueba vuestra fe, mucho más preciosa que el oro, el cual aunque perecedero se prueba con fuego, sea hallada en alabanza, gloria y honra cuando sea manifestado Jesucristo" (1 Pedro 1:6-7 énfasis añadido).

La palabra *afligidos* en el griego original quiere decir: "presionado por las circunstancias". Los seres humanos nos ocupamos de trabajar, luchar y hacer planes para nuestra vida. Lo menos que esperamos es que nos llegue "el día malo". Vivimos tan aprisa que apenas dedicamos tiempo para compartir en familia o buscar del Señor. La vida es sumamente frágil.

Por tal razón es necesario que, con tiempo, hagamos provisión para nuestra eternidad. Probablemente estés atravesando un problema muy serio mientras lees este libro. Quiero decirte que de la misma forma que el Señor oró por Pedro para que su fe no faltase, Él intercede por ti, día y noche, para que tu fe no se debilite ni desvanezca. Dios nunca nos permite más carga de la que podamos llevar.

Capítulo 3

Echa fuera el temor

UNA DE LAS armas que más utiliza el enemigo en contra tuya, es el temor, porque este paraliza. De hecho las Escrituras dicen que: "El temor del hombre pondrá lazo; mas el que confía en Jehová será exaltado" (Proverbios 29:25). También describe el temor como una esclavitud: "Pues no habéis recibido el espíritu de esclavitud para estar otra vez en temor, sino que habéis recibido el espíritu de adopción, por el cual clamamos: ¡Abba, Padre!" (Romanos 8:15).

He sido testigo de cómo las personas viven aterradas, y por abrir esa puerta, sus oportunidades en la vida se han visto limitadas. Hay quienes tienen temor de lo que la gente pueda decir, pues viven pensando en la opinión de demás.

Jesús les preguntó a sus discípulos qué decía la gente de Él. Lo que a Jesús realmente le interesaba saber era la opinión de aquellos a quienes Él había llamado y estaban siendo discipulados y enseñados por Él. A Dios le interesa saber qué piensas de Él.

Pues, cuando conoces al Señor y su Palabra, te llenas de seguridad. No tendrás temor de las malas noticias, pues tu confianza está puesta en el Señor. Podrás vivir alumbrando a otros y dando a conocer lo que es vivir confiado.

Una noche prediqué en la ciudad de Maracaibo, Venezuela. Al finalizar la reunión estaba agotadísima luego de haber ministrado a la congregación, pero en ese momento se me acercó un niño de alrededor de unos siete años y me dijo:

—¿Puede darme unos minutos en privado?

—Con mucho gusto mi amor. ¿En qué puedo ayudarte?

La manera en que aquel niño se dirigió a mi persona fue asombrosa.

—Tengo un grave problema en mi casa. Mi padre ha

abandonado a mi madre, a mis hermanos y a mí, y se ha ido con otra mujer. Para empeorar la situación, —me decía el niño—, mi madre está embarazada de un tercer hijo. Yo quisiera que usted hable unas palabras con ella porque necesita ponerse bien, ya no puede llorar más. El doctor le dijo que cuando ella lloraba, el bebé también lo hacía.

Aquel niño, a su corta edad, estaba lleno temor, sin ilusiones, sin sueños, estancado en una cruel encrucijada. Pero él estuvo atento al mensaje que lleve de parte del Señor, a tal grado que hubo una reacción de esperanza.

Sentí que ese niño tomó aquella situación de adultos y la puso en las manos de Dios. Aquel niño estaba muy preocupado y se acercó para llevarme su inquietud. Pudimos orar y llevarle juntos la carga a Dios. Por supuesto le pedí al niño que le dijera a su mamá que viniera hablar conmigo.

Luego de conocerla le hablé a su corazón y pude ministrarle paz de Dios. Le dije: "Pon tu confianza en el Señor, busca a Dios y ora para que el Señor se le revele a este hombre".

Antes de dejar Venezuela volví a ver a la mujer que me dijo: "Estoy tranquila ya no lloro. Haré todas las cosas que usted me aconsejó y creeré en el Señor. Sé que ha de glorificarse". La actitud de esta mujer cambió totalmente al saber que Jesús tenía el poder para ayudarla.

La gente no sabe cómo enfrentar las cosas

Hace algún tiempo, en mi país, mientras una mujer esperaba su sentencia judicial entró al baño, tomó una sobredosis de psicofármacos y se quitó la vida. ¡No pudo enfrentar su sentencia! Hay quienes creen que de esta forma pueden escapar. Pero es necesario saber lo que Dios dice al respecto: "Los suicidas no entran al reino de los cielos". La vida la dio Dios y es el único que puede quitarla. ¿Por qué suicidarse?

El suicidio es una de las mentiras más grandes que el diablo está usando hoy para hacerles creer a las personas que al morir tendrán paz. Pero tú debes saber que después de la muerte hay una vida eterna, y es en esta vida terrenal donde determinamos si queremos disfrutar en la eternidad o ser atormentados en ella.

No podemos callar ante esta terrible realidad que vivimos. El temor lleva la gente a sumergirse en pozos de depresión de donde no pueden salir sin ayuda. Dios tiene todo el poder para ayudarte, ya que el gozo del Señor es nuestra fortaleza.

Uno de los ataques más violentos que estamos viviendo en este tiempo es la gran ola de temor que cubre naciones enteras. Se puede ver cómo la gente va de un lado para otro a causa de las malas noticias que continuamente transmiten los medios de comunicación. La fe viene por el oír, mas el enemigo utiliza los sentidos para infundirnos temor. Los que hemos conocido al Señor, vivimos no por lo que vemos sino por lo que creemos.

Desde la caída del hombre hasta hoy, el hombre teme a lo desconocido porque se siente impotente y débil para enfrentar las situaciones que se les presenta. Era precisamente lo que el diablo pretendía. Las consecuencias fueron evidentes, fueron expulsados del huerto y a causa de eso entró el temor y la muerte en el hombre.

La fe viene por el oír, mas el enemigo utiliza los sentidos para infundirnos temor.

Muchos desconocen cómo enfrentar el temor y vencerlo. No tienen las herramientas ni los mecanismos para hacerle frente. Pero Jesús dijo: "Sin mí nada podéis hacer" (Juan 15:5). Cristo venció al enemigo en la cruz del Calvario, y gracias a ese amor tan grande echó fuera el temor. El apóstol Pablo dice: "Todo lo puedo en Cristo que me fortalece" (Filipenses 4:13). Debemos saber que no hemos recibido espíritu de cobardía, sino de poder, amor y dominio propio.

El que no conoce a Dios se levanta pensando: "¡Otro día más para enfrentar!". Siempre teme lo peor. Los problemas en su vida se acrecientan y muchos de ellos se refugian en el alcohol, las drogas y toda clase de vicios para poder vivir. Pero tú y yo tenemos a Cristo, que resuelve toda situación. Debemos saber que a los que aman a Dios todas las cosas les ayudan a bien aquellos que han sido llamados conforme a su propósito.

Cuando no tenemos a Dios vivimos llenos de miedo y no podemos avanzar en la vida aunque pase lo que pase debes saber que el único que te puede ayudar se llama Jesucristo. ¡Busca la paz y síguela! (Salmo 34:14).

Apariencias

Cuando Adán y Eva estaban en el Huerto del Edén, dicen las Escrituras que Dios se paseaba con ellos, habían sido creados para sujetar todo bajo la autoridad que Dios les había dado pero cuando desobedecieron entró el temor, que provocó que se escondieran de su Creador. Abrir puertas a la desobediencia te incapacita a estar en autoridad por causa del que nos acusa y el temor toma lugar en nuestra vida. El miedo hace que te escondas. Si Dios está contigo tendrás valentía y te esforzarás como lo hizo Josué cuando Dios le dijo: "No temas ni desmayes, porque Jehová tu Dios estará contigo en dondequiera que vayas" (Josué 1:9b). También la Palabra dice: "Huye el impío sin que nadie lo persiga; mas el justo está confiado como un león" (Proverbios 28:1).

La desobediencia trae consecuencias. Podemos verlo claramente en la historia de Saúl. Dios le pidió que destruyese al rey Agag y que matara a todo su pueblo, pero Saúl no obedeció lo que Dios le pidió.

> "Ve, pues, y hiere a Amalec, y destruye todo lo que tiene, y no te apiades de él; mata a hombres, mujeres, niños, y aun los de pecho, vacas, ovejas, camellos y asnos. (...) Y tomó vivo a Agag rey de Amalec, pero a todo el pueblo mató a filo de espada. Y Saúl y el pueblo perdonaron a Agag, y a lo mejor de las ovejas y del ganado mayor, de los animales engordados, de los carneros y de todo lo bueno, y no lo quisieron destruir; mas todo lo que era vil y despreciable destruyeron" (1 Samuel 15:3, 8-9).

Al ver esto, Jehová se entristeció y habló con Samuel el profeta y le dijo cuánto le pesaba haber puesto a Saúl como rey de Israel: *"Me pesa haber puesto por rey a Saúl, porque se ha vuelto de en pos de mí, y no ha cumplido mis palabras. Y se apesadumbró Samuel, y clamó a Jehová toda aquella noche"* (v.11).

Cuando Samuel habló con él y le hizo ver su error y lo que Dios le había declarado, Saúl en primera instancia no reconoció que había hecho las cosas mal, pero luego se arrepintió, sin embargo ya era tarde.

"Y él dijo: Yo he pecado; pero te ruego que me honres delante de los ancianos de mi pueblo y delante de Israel, y vuelvas conmigo para que adore a Jehová tu Dios. Y volvió Samuel tras Saúl, y adoró Saúl a Jehová. Después dijo Samuel: Traedme a Agag rey de Amalec. Y Agag vino a él alegremente. Y dijo Agag: Ciertamente ya pasó la amargura de la muerte. Y Samuel dijo: Como tu espada dejó a las mujeres sin hijos, así tu madre será sin hijo entre las mujeres. Entonces Samuel cortó en pedazos a Agag delante de Jehová en Gilgal. Se fue luego Samuel a Ramá, y Saúl subió a su casa en Gabaa de Saúl. Y nunca después vio Samuel a Saúl en toda su vida" (1 Samuel 15:30-35).

Lo que no pudo hacer el rey Saúl lo tuvo que hacer Samuel, el profeta de Dios. Hay personas que aunque están en desobediencia quieren aparentar que están en obediencia, como si fuera un tema ante el ojo de la gente. Pero debes saber que con quien debes estar siempre en obediencia es con Dios.

De todo lo que Dios le dijo a Saúl a través de Samuel, lo único que le importaba era la opinión del pueblo. Saúl le suplicó a Samuel que nadie se enterara de lo que él había hecho, y lo invitó a adorar a Dios. De esa manera, cuando el pueblo los viera a los dos juntos pensarían que Dios estaba con Saúl.

No podemos vivir de apariencias, tenemos que vivir conforme a Dios porque los resultados con el tiempo se verán. Cuando estás en paz y tienes al Señor sabes que Él siempre te va a levantar y que podrás enfrentar todo lo que se presente, gracias al que está dentro de ti. Él te ayuda a enfrentar el vicio, a quitar las ataduras, a romper las cadenas y a desatar las ligaduras.

> Hay personas que aunque están en
> desobediencia quieren aparentar
> que están en obediencia.

Así como David venció al gigante Goliat, si tú no vences lo que te está molestando, te vencerá a ti. El más fuerte prevalece. Dios no levantó al pueblo de Israel para que fueran siervos de otras personas. Tampoco te levantó a ti para que seas siervo del temor. Porque el perfecto amor se llama Jesucristo, y cuando Él llega, echa fuera todo temor. No tengas miedo. Si Dios es contigo, ¿quién contra ti? Si Dios es tu amparo, tu ayuda, tu fortaleza y tu pronto auxilio, Él te va a ayudar.

La obediencia trae poder

Si abrir las puertas a la desobediencia trae temor, podemos entonces afirmar que la obediencia trae bendición. La verdad, la justicia, la honestidad y la misericordia son consecuencia de obedecer a Dios.

Samuel había visitado la casa de Isaí y ungió a su hijo David como rey, aunque pasó mucho tiempo hasta que llegó el día de asumir su posición. Sin embargo, en ese tiempo de espera, Isaí su padre lo envió a cumplir un encargo. El padre le pidió que llevara comida a sus hermanos que estaban en el campamento de batalla. David obedeció. Seguramente ya conoces cómo continúa la historia. El muchacho fue a ver a sus hermanos y terminó venciendo al gigante Goliat.

Nadie puede enfrentar las situaciones que le afectan diariamente sino no está en pacto con Dios, y para eso debemos obedecer a Dios. No se puede vivir una vida victoriosa sino se obedece la Palabra que son sus mandamientos.

Nadie en desobediencia permanece, sino que está destinado a caer. La obediencia es la que te da el fundamento firme para seguir hacia adelante con la gracia de Dios. Mientras estés en obediencia, el espíritu de Jehová se mueve y camina contigo. Dentro de todo Israel el único que hablaba de manera diferente era David. Si tú eres el único que habla diferente en tu trabajo, en tu grupo social, no dejes de hacerlo. ¡Sigue hablando lo que Dios te dijo que declararas!

No tengas miedo de lo que los demás digan que te pasará. ¡Para este tiempo Dios te llamó! Quizás te digan que vas a perderlo todo, que vas a morir, pero si le eres fiel a Dios, el que se va a quedar sin nada es el otro, pues tú lo ganaras todo. Debemos darle ejemplo al mundo de que no importa lo que se levante y lo que hagan los demás, nosotros sabemos en quien hemos creído.

"Jehová es mi luz y mi salvación; ¿de quién temeré? Jehová es la fortaleza de mi vida; ¿de quién he de atemorizarme?" (Salmo 27:1).

Cada cual tendrá que aprender a derrotar a su propio gigante, porque hasta que no lo enfrentes no vas a progresar ni avanzar. Esconderte no resuelve nada. ¡Hay que vencer al gigante en el nombre de Jehová de los ejércitos!

El día malo había llegado

El 2001 fue el año que marcó mi vida por completo. Pero recuerda que Dios nunca hará nada sin avisarle a sus siervos los profetas. Había recibido la visita de una pastora llamada Leticia

Borrás, a la cual Dios le había indicado que viniera a verme. Comenzó a leer una carta que había escrito de parte del Señor.

Me informó que vendría un momento de gran prueba a mi vida a través de un ataque directamente del mismo infierno. Reiteró que no me preocupara, que la victoria era mía y ascendería a un nuevo nivel en el ministerio.

Es difícil entender estas cosas cuando has dedicado tu vida al servicio del Señor. Más aún, cuando tienes la certeza de que "toda buena dádiva y todo don perfecto proviene de Dios".

Durante segundos me detuve a pensar... ¿por qué este ataque? Ni siquiera sabía qué tipo de lucha que vendría.

"Wanda, se te ha declarado de muchas formas que vienen tiempos de gloria para la iglesia de Cristo. Satanás también lo ha escuchado. Por tanto, él no se quedará con los brazos cruzados sino que levantará todo tipo de ataque para ver si logra detener tu deseo de servirme".

¿A quién le gusta que le hablen de pruebas? A nadie. Pero Jesús nos dijo claramente: "En el mundo tendréis aflicción más confiad, Yo he vencido al mundo". Si Él nos dice que somos más que vencedores, es porque hay batallas que tendremos que luchar, y lo más importante es que tenemos garantizada la victoria. Me mantuve confiada en Dios y continué orando y creyendo. ¡Cómo saber cuándo ocurriría este ataque!

De un día para otro el mundo y la perspectiva de nuestra vida pueden cambiar. Hacemos planes, decimos cosas y pasamos por alto momentos importantes, porque pensamos que tenemos todo el tiempo del mundo. No dejes que pase un día sin que le digas a tus hijos y a tus seres queridos cuánto los amas, porque pudiera ser el último momento que vas a estar con ellos. La vida es tan frágil, la Biblia dice: "El hombre, como la hierba son sus días; florece como la flor del campo" (Salmo 103:15).

Para mediados de junio de 2001 fui a realizarme unos exámenes médicos de rutina, entre ellos un sonograma, ya que había notado mi cuerpo inflamado y estaba aumentando de peso. Al finalizar los estudios la doctora me indicó que debía regresar al día siguiente, en ayuno, para repetir las pruebas. "¡No se preocupe! Es un proceso rutinario, pero debe regresar mañana", respondió al cuestionarle sorprendida el porqué debía repetir los estudios.

> De un día para otro el mundo y la perspectiva de nuestra vida pueden cambiar.

Al día siguiente los médicos me recomendaron la realización de un *CT Scan* (Tomografía computada) a la brevedad posible. En ese momento supe que algo malo estaba ocurriendo.

Luego de varios estudios detectaron una anomalía en el hígado y de inmediato procedieron a realizarme una biopsia. Al salir el médico a sala con el resultado de los estudios le preguntó a mi madre y a mi esposo si yo padecía de alguna enfermedad hepática, a lo cual respondieron que no. Al alejarse el médico comentó en voz baja: "¡Qué pena! Tan joven y se va a morir. Tiene un cáncer terminal". Una de las enfermeras que estaban allí presentes, quien asiste a nuestra iglesia, escuchó el comentario. Alarmada y llorosa me informó lo sucedido.

Mi respuesta fue: "No te preocupes que no voy a morir. Dios me ha hecho grandes promesas. Él es fiel".

Aunque el enunciado de aquél diagnóstico me impresionó en

gran manera, en mi corazón sabía que no podía permitir que el temor ahogara mi fe. Debía mantener mi confesión en línea con la Palabra de Dios.

El momento de prueba había llegado a mi vida. Según la ciencia, una sentencia de muerte se había proclamado sobre mí. Pero yo continuaba declarando: "No moriré, sino que viviré y contaré las obras de Jehová".

A lo largo de tantos años en el pastorado he ministrado a miles de personas enfermas y desahuciadas. He visto sus caras de angustia y dolor, pero esta vez era yo la que me encontraba enferma con un diagnóstico adverso.

Mi situación me permitió recordar una palabra que tantas veces había predicado: "Amados, no os sorprendáis del fuego de prueba que os ha sobrevenido, como si alguna cosa extraña os aconteciese, sino gozaos por cuanto sois participantes de los padecimientos de Cristo, para que también en la revelación de su gloria os gocéis con gran alegría" (1 Pedro 4:12-13).

Entendí que mi fe estaba viva y era porque vivía para Dios, y eso establecía una gran diferencia para enfrentar la adversidad. Las circunstancias y el diagnóstico médico representaban una montaña de obstáculos, pero jamás impedirían que yo ministrara la poderosa Palabra de Dios. Jesucristo fue mi aliento de vida.

La espera de los resultados de la biopsia no fue sencilla. Dios me hizo recordar la visita de aquella pastora y, en especial, cuando me reafirmó que "debía confiar". Comprendí que mi fe descansaba en la integridad y fidelidad de una sola persona: Jesús.

"Pero deseamos que cada uno de vosotros muestre la misma solicitud hasta el fin, para plena certeza de la esperanza, a fin de que no os hagáis perezosos, sino imitadores de aquellos que por la fe y la paciencia heredan las promesas" (Hebreos 6:11-12)

No podía rendirme. Tenía que confiar plenamente en el Señor. El enemigo quería por todos los medios quebrar los planes maravillosos que Dios tenía destinados para mi vida. No podía morirme en el momento en que el ministerio estaba creciendo en grandes dimensiones. Opté por vivir y no morir. Me aferré a las promesas de Dios con todas mis fuerzas.

El día malo había llegado a mi vida. Fueron tiempos difíciles pero Dios estaba conmigo. La Palabra que tantas veces había predicado ahora se revelaba poderosamente en mi ser.

Enviaron los análisis de la biopsia a un hospital de las Fuerzas Armadas de los Estados Unidos, ya que en Puerto Rico los resultados habían salido un poco confusos. Pero días después, el diagnóstico final indicaba que tenía un cáncer sumamente raro en el hígado. Según las estadísticas, este había sido detectado en mujeres de tez blanca entre las edades de 35 a 45 años de edad, y sólo había 137 casos registrados en todos los Estados Unidos.

Es fácil alabar a Dios cuando las cosas están bien, pero ante la enfermedad y el dolor hay que determinarse a mantener una actitud de alabanza y continuar declarando sus promesas. El ataque del enemigo fue fuerte... muy fuerte, persistente y directo. Parecía que no había tregua.

Cada día sostuve una actitud de adoración y gratitud a Dios, confiada en que mi sanidad se haría manifiesta. Había aprendido que la alabanza era mi grito de victoria en medio de cualquier batalla o adversidad. Día y noche meditaba en su Palabra, la cual traía el consuelo y aliento a mi vida. "Pacientemente esperé a Jehová, y se inclinó a mí, y oyó mi clamor" (Salmo 40:1)

El enemigo me infundía temor para preocuparme, y de esta forma intentaba de anular la Palabra que estaba arraigada en mi corazón. Aún cuando me trataba de arrinconar, el Espíritu Santo me hablaba y me repetía: "Confía y obedece".

> Ante la enfermedad y el dolor hay
> que determinarse a mantener
> una actitud de alabanza.

El diablo trabaja trayendo dudas a nuestra mente. Su maquinación es que desconfiemos de las promesas del Señor y que abramos la puerta del temor. Sus tácticas son siempre las mismas.

Las puertas se cerraban

Quise obtener mayor información sobre este tipo de cáncer y sus pronósticos, así que consulté los detalles con un doctor, miembro de nuestra iglesia. Recuerdo que finalizado uno de nuestros servicios, él y su esposa, desconsolados y llorosos me dieron una terrible noticia: "Este tipo de cáncer no tiene cura, no responde a quimioterapia ni a radioterapia alguna". Esta clase de cáncer había sido descubierto recientemente, y por tanto no existían mayores datos sobre sus efectos y posibles tratamientos. La única opción disponible era un trasplante de hígado. El porcentaje de sobrevivencia en este tipo de trasplante es uno de cada diez, si se efectuaba a tiempo.

Los animé diciéndoles que estuviesen tranquilos, que el Señor se iba a glorificar. Pero sabes... no me resigné con la noticia.

Consulté una segunda opinión médica y visité a una especialista en Hematología y Oncología, y le entregué los resultados de los estudios. La doctora, con firmeza y ternura a la vez, me indicó que era un cáncer muy raro pero muy agresivo. Su recomendación fue que viajáramos urgentemente a la ciudad de Nueva York para hacerme estudios más completos.

Ya no había vuelta atrás. Ese día reconocí que lo que me estaba sucediendo no era un sueño sino una realidad. Mi esposo y mi madre no podían contener las lágrimas al recibir el informe. No era para menos. De mi parte... tuve que controlarme. Aunque les confieso, no pude resistir el impacto de aquella noticia tan devastadora. Como no quería que ellos se dieran cuenta de mi quebranto me encerré en el baño. Fue entonces que en ese lugar, a solas con Dios, lloré y lloré hasta derramar mi alma entera delante de su presencia.

No sé cuánto tiempo transcurrió. Una mezcla de emociones, sentimientos, dudas y preguntas embargaron mi ser. Fue en ese instante cuando sentí la presencia del Espíritu Santo fortaleciéndome. La unción de Dios me invadió y comencé a alabar al Señor con toda mi alma, declarando una vez más: "No moriré sino que viviré, y contaré las maravillas del Señor". En ese momento me identifiqué con Ana, la madre del profeta Samuel, y pude comprender lo que sintió cuando angustiada derramó su alma delante de Dios en el templo.

Partimos rumbo a Nueva York, y luego de varios estudios los resultados confirmaron el diagnóstico anterior: Cáncer en el hígado.

"Señora, realmente usted tiene veinticinco tumores cancerosos en el hígado y nada se puede hacer. Recomendamos un trasplante de hígado, pero en este hospital tendría que esperar por lo menos siete años, y en el estado avanzado de su condición no puede esperar tanto", fueron las palabras de los médicos.

Regresamos a Puerto Rico, y mi confianza en Dios continuaba en aumento. Mi fe no se podía contaminar, estaba siendo probada por fuego. Cada día declaraba: *"Aunque ande en valle de sombra de muerte, no temeré mal alguno, porque tú estarás conmigo; tu vara y tu cayado me infundirán aliento"* (Salmo 23:4)

Yo sabía el significado de servirle a Dios. Mi experiencia con el Señor había sido genuina y verdadera. Seguía confiando en Él y mi relación con el Espíritu Santo era muy especial.

Mi familia y la iglesia se estremecieron ante esta terrible noticia. Les informé lo que estaba ocurriendo, y desde ese momento se desató una fuerte lucha espiritual.

De igual forma, todo el pueblo evangélico, dentro y fuera de Puerto Rico, levantó una nube de oración pidiendo al Señor que produjera un gran milagro en mi vida. Está comprobado que la oración en acuerdo es sumamente poderosa.

El enemigo intentaba levantar fortalezas en mi mente para ahogar mi fe. Por momentos, llegaba al punto de la desesperación pues no entendía el porqué de lo que ocurría. A veces no comprendemos por qué atravesamos momentos difíciles. Muchas de esas situaciones parecen aplastarnos y derribarnos. Pero siempre daré gloria a Dios pues su Palabra me trajo consuelo y Él envió a muchas personas para alentarme. Aunque existían cosas que no entendía, me mantenía firme diciendo: "Señor, ahora no entiendo pero sigo confiando en ti".

Continué predicando sobre sanidad, prosperidad, gozo y fe. El diablo no me iba a detener. No fue sencillo continuar con mi llamado. Mientras esperaba que el milagro se manifestara, mi vida se escapaba rápidamente. Según la ciencia sólo me quedaban seis meses de vida. Todas las puertas se cerraban, pero Dios estaba conmigo.

Capítulo 4

A la espera del milagro

N O TENÍA IDEA cómo ocurriría el milagro, pero en mi corazón alentaba la esperanza y la convicción de que algo sucedería. Transcurría cada día declarando que "no moriría sino que viviría para contar las maravillas del Señor".

En Puerto Rico como en muchos países, hay personas que se dedican a obras filantrópicas y a servir a su prójimo con una pasión extraordinaria. Ese es el caso de Blanquita Peñagarícano, una mujer temerosa de Dios que hasta ese momento no conocía y hoy es una fiel seguidora de nuestro ministerio, se enteró que yo tenía un serio problema de salud. Ella me conocía a través de los programas de televisión y radio, y para ese momento ya se había extendido la voz de que un trasplante de hígado podría ayudarme, pero en Puerto Rico no se realizaban ese tipo de operaciones.

Esta maravillosa mujer conocía un programa médico en la *Clínica Mayo* de Jacksonville, Florida, un centro dedicado a este tipo de trasplantes. Justo en ese momento varios doctores de ese lugar se encontraban en Puerto Rico haciendo algunas evaluaciones a candidatos para trasplantes. Ella logró conseguirme una entrevista y visité la Clínica Las Américas donde evaluaron mi diagnóstico. Todos los médicos que veían mi caso entendían que las oportunidades para lograr este procedimiento eran muy limitadas. Solamente 10 de cada 1000 personas que necesitan un trasplante lo conseguían.

Al llegar, esa mañana logramos que me vea el primer médico gastroenterólogo. La donación de órganos es un regalo de vida, y las entidades que se dedican a localizar donantes son muy celosas con los receptores. Solamente se le otorga la posibilidad de formar parte de la lista de espera a quienes ellos entienden que cumplen con los requisitos mínimos para garantizar una intervención exitosa.

> Solamente 10 de cada 1000 personas que necesitan un trasplante lo conseguían.

En ese interín de espera tuve la oportunidad de conocer a varias personas que habían sido trasplantadas. El panorama no era nada alentador ya que, a consecuencia de los ataques terroristas del 11 de septiembre de 2001, la situación a nivel mundial se complicó y la lista de espera para ser operados era muy larga. Sin embargo, en todo momento sentí la cobertura de Dios sobre mi vida. El Espíritu Santo me animaba de continuo al recordarme las Escrituras con tantas promesas que Él había afirmado para mi vida y la de mi familia.

Sabía que no estaba sola en medio de este ataque. Siempre sentí la mano del Señor para ayudarme, fortalecerme y levantarme. Además, sabía que miles de personas estaban orando por mí. No puedo imaginarme cómo sufren aquellas personas que no tienen esperanza ni fe para creer por un milagro. Si teniendo fe y promesas era difícil mantenerse firme, no imagino cómo puede ser la vida de quien no cree en Dios ni le conoce.

Cuando el médico local me evaluó, se tomó la cabeza con las manos y dijo: "Esto no puede ser. Tú eres muy joven y no puedes irte así". Aquellas palabras me estremecieron profundamente. Me di cuenta cuán sensibles son algunos médicos y que gran instrumento de Dios son para la vida de muchos, entre ellos la mía. Cada uno de los profesionales que hasta ese momento habían estudiado mi caso, coincidían en la gravedad del mismo.

El Dr. Filiberto Colón, director médico de la clínica, me dijo: "Wanda, usted es muy joven, un trasplante de hígado es una posibilidad. La voy a referir al Dr. Spivey, Director de trasplantes de la Clínica Mayo de Jacksonville, quien es hasta hoy quien evalúa a los candidatos para ingresar a la lista.

Me sentí aliviada pero a la vez ansiosa, sabía que era una gran oportunidad pues casi nadie conseguía una cita con ellos, y muy pocos eran recomendados. Todas las puertas parecían cerrarse. Pero yo oraba y le preguntaba a Dios qué debía hacer: "Señor, soy tu sierva. No puedo tomar decisiones sin consultar contigo. Necesito saber cuál es tu voluntad, qué quieres para mi vida".

Debía estar segura si debía continuar o no con los preparativos para la operación y no tomar decisiones a la ligera. La ciencia y la fe no compiten, se complementan.

Día a día mi situación se complicaba aún más. Uno de los exámenes había revelado que el cáncer se había extendido a los pulmones. Las opciones se iban reduciendo. Sin embargo, uno de los médicos decidió que debíamos continuar con los planes. Él pensaba que al realizar el trasplante y, siendo el hígado la fuente primaria (desde donde se desarrolló el cáncer), lo que había en los pulmones se reduciría o desaparecería eventualmente.

Le pedí a Dios dirección, pues necesitaba estar segura de lo que iba a hacer. Las diversas opiniones médicas me hicieron entender lo serio de la situación. Era un asunto de vida o muerte. No había otra alternativa. Necesitaba una respuesta inmediata de Dios.

La decisión correcta

Estaba a la espera de una decisión médica: la evaluación de los doctores determinaría si era o no una posible candidata a la lista de receptores de un trasplante. Les confieso que mi mente era objeto de continuos pensamientos adversos. Es necesario saber que no puedes evitar que los malos pensamientos lleguen a ti, pero debes llevarlos cautivos a la obediencia de Cristo. Sabía y recordaba que en ese tiempo de crisis solo debía permanecer en obediencia y en fe. Si así lo hacía, las cosas ocurrirían como Dios había determinado en su voluntad para mi vida. Así como había ocurrido con Abraham.

Dios siempre ha mirado a la tierra y a los que ama. Nosotros somos su gran tesoro. Siempre ha tenido una gran paciencia y misericordia con nuestra vida. La desobediencia de Adán llevó al mundo a graves consecuencias, la maldad crecía y Dios veía todo lo que aquí acontecía. Pero una nueva oportunidad surgió cuando Dios le dijo a Abram: "Vete de tu tierra y de tu parentela, y de la casa de tu padre, a la tierra que te mostraré" (Génesis 12:1)

Esta palabra requería una acción de parte de Abram, de una decisión de fe. Todo en la vida se nos sugiere y queda a nuestra decisión y voluntad hacerlo, o no. La palabra obediencia significa escuchar lo que alguien pide con autoridad, atenderlo y actuar al respecto.

Una vez escuché al pastor Lucas Márquez decir algo que me hizo pensar: "Es mejor obedecer a Dios y tener la bendición por obediencia, y no por castigo". Hay personas que alcanzan bendición pero luego de un sinnúmero de consecuencias. Pero, ¿por qué no ser obedientes desde el inicio? Esta situación era mi oportunidad para obedecer a Dios desde la crisis.

Cuando Dios le dijo a Abram, como una orden: "Vete de tu tierra, de tu parentela y de casa de tus padres", fue un requerimiento difícil, pero debemos saber que todo lo que Dios nos pide siempre irá acompañado de una promesa. Él debía dejar lo firme, lo que veía, lo que podía palpar, lo seguro de su techo, porque Dios quería bendecirlo. Cuando meditamos en estas palabras podemos entender la gran confianza y fe de Abram. ¿Cuántas veces hemos dudado aún de lo poco que Dios nos ha pedido?

Dios anhelaba una nación grande y sería a través de Abram y su fe que lo haría. Él dijo: "*Y haré de ti una nación grande, y te bendeciré, y engrandeceré tu nombre, y serás bendición. Bendeciré a los que te bendijeren, y a los que te maldijeren maldeciré; y serán benditas en ti todas las familias de la tierra*" (Génesis 12:2-3).

En la travesía de la obediencia, de aceptar el desafío, no todo será bonito. Habrá momentos difíciles, pero si hay una promesa, una palabra, y estás en pos de tu llamado por el camino de la victoria y la salvación, estarás caminando en la senda del Señor y ciertamente Él te va a bendecir.

La vida no es como es, sino como tú quieres que sea. No debes echarle la culpa a Dios de cosas que Él no determinó para tu vida sino que son el resultado de tus propias decisiones. "*Porque si aún nosotros siendo malos tenemos buenos pensamientos para nuestros hijos, ¿Cuánto más tendrá el Padre de los cielos?* " (Mateo 7:11).

Dios nunca pensó que el hombre lo traicionaría y lo decepcionaría como lo hizo. El deseo de Dios para Adán fue el mejor, y hasta lo puso en el mejor sitio. Le dio poder y autoridad porque su deseo era bendecirlo. Suelo escuchar a la gente decir que Dios es injusto porque no mira la pobreza ni los terremotos o las crisis. Dios siempre las ha mirado, el hombre fue quien no las observó. Por lo tanto el corazón del hombre ha ido de continuo hacia el mal, y por eso hoy sufre las consecuencias de sus decisiones.

En la travesía de la obediencia
no todo será bonito.

No le adjudiques a Dios lo que no es su culpa. En su justicia, santidad e integridad, Él no puede quebrantar sus mandamientos. Son inquebrantables y juró por sí mismo que no quebrantaría su Palabra ¡Por eso es Dios!

Al dejarnos su Palabra revelada a través del Espíritu Santo, Dios quiso delegarnos sus principios para que viviéramos mejor, y por encima de las circunstancias. Él nunca ha querido que la gente sufra, se enferme o tenga problemas. Tú no eres un ser temporal sino eterno, pero eres tú quien decide dónde pasar la eternidad.

Abraham no solo vio la tierra sino que vivió y disfrutó de ella porque fue obediente a Dios. Hay cosas que se deben cortar de raíz y sacarlas de nosotros para alcanzar nuestros sueños en Dios. Su deseo es que crezcas, prosperes, seas sano y vivas en victoria. Quita de tu corazón la miseria, la murmuración, el enojo, el temor, la inseguridad y todo lo que te impide avanzar. Dios no te puede prosperar ni bendecir si no has quitado los pensamientos de maldad que tienes dentro de ti. Él desea vernos prósperos. Fuiste llamado a vivir de gloria en gloria y de victoria en victoria. Fuiste llamado a vivir por encima de lo natural, porque eres un hijo de Dios.

La gente grande no son solo aquellos que son grandes de estatura, sino aquellos que tienen pensamientos amplios. Mi Dios es grande porque no solamente pensó en Adán sino que pensó en toda la humanidad, porque el postrer Adán venía. Tú serás grande en la medida que vivas para servir a otros, porque el que no vive para servir, no sirve para vivir.

La espera

Yo necesitaba vivir, tenía muchos deseos de servir a Dios, pero para lograrlo era necesario formar parte de una lista de espera para un trasplante de hígado. Oré al Señor y sentí que era lo correcto dejarlo todo en las manos del Señor y creerle a Él.

En medio de la espera, la lucha de la fe era protagonista activa de mi espíritu. Jamás imaginé que alguna vez en la vida me iba a encontrar con tal encrucijada. Pero finalmente mi espera en obediencia y fe dieron su fruto camino hacia la bendición.

Las puertas comenzaron a abrirse y la evaluación del doctor Spivey fue: "Usted no tiene mucho tiempo. Tenemos que hacer el trasplante antes de diciembre, haga todos los arreglos necesarios para viajar a Jacksonville. Le haremos un trasplante de hígado y vamos a creer que esto va a funcionar".

Mi nombre fue puesto en aquella lista de espera por un hígado compatible para mí. En ese momento comenzó la larga carrera de fe. Un proceso desesperante y desafiante.

Como era una posible candidata a ser trasplantada, tuve que mudarme a Jacksonville, Florida, en septiembre de 2001. Por instrucciones médicas, sólo pudieron acompañarme mi esposo y mi madre. No saber el tiempo que estaría fuera de mi país fue un cambio emocional muy difícil. Sentí un inmenso dolor dejar a mis hijas y a mis nietos pequeños y encontrarme en la encrucijada de no saber si volvería a verlos nuevamente. El enemigo utilizó ese momento para lanzar un ataque feroz a mi mente. Pude escucharlo cuando dijo: "Será la última vez que los veas pues no regresarás de este viaje... Si lo haces, será en un ataúd". Fue un momento difícil para todos, pero a la vez veíamos cómo Dios tomaba control de todo en medio de esa gran tempestad.

Llevaba sobre mis hombros la responsabilidad de ser pastora, esposa, madre, abuela e hija. Créanme... no era liviana la situación que estaba pasando. Sólo Dios sabía lo que sentía en aquellos momentos de oscuridad y desesperación.

Al llegar a la *Clínica Mayo* en Jacksonville fui recibida por un personal muy sensible y amoroso. Me hicieron todo tipo de exámenes y pruebas a fin de asegurarse que a la hora de surgir un órgano para ser trasplantado, estuviese lista para la operación. En términos generales siempre he sido saludable, así que todo esto que estaba viviendo resultaba muy difícil para mí. Me entregaron un localizador y me dieron instrucciones de no alejarme a más de una hora de distancia del hospital. Cada semana me realizaban exámenes muy dolorosos y extenuantes. Los médicos reunieron a mi familia para explicarles que una vez realizado el trasplante, mi vida cambiaría totalmente. Nos informaron que luego de ser trasplantada, entre muchas otras restricciones, no podría oler flores, tener animales, que los hospitales serían un lugar prohibido, y no podría estar en espacio donde hubiera muchas personas, pues estaría inmunosuprimida. Y que dependería de por vida de unos costosos medicamentos para suprimir el sistema inmune y evitar el rechazo del órgano, una posibilidad que también existía. A pesar de todo lo que me decían los médicos podía sentir que había una gran esperanza. Ellos comentaban que no debíamos perder de vista que no todos los que necesitan un trasplante llegan a tiempo a recibirlo.

Muchos sentimientos encontrados surgieron dentro de mí, el sufrimiento de las personas que habían sido afectadas, el cáncer que estaba en mi cuerpo y la separación de mis seres queridos. En fin… el momento más difícil de mi vida.

A diario mantenía comunicación con mis hijas, mis nietos y la congregación. Semanalmente enviaba un vídeo donde le hablaba a la iglesia y les exhortaba a seguir hacia adelante. Ellos habían levantado una intensa campaña de ayuno y oración para que Dios interviniera en mi situación lo antes posible. Promulgaron una vigilia de intercesión todos los viernes para que el milagro se manifestara en el mundo natural.

Nunca olvidaré la visita de dos hijos espirituales que viajaron a verme para reafirmar mi fe: el pastor Raúl López y su hermano, el pastor Ariel López. ¡Gracias por su amor cuando más lo necesitaba! Miles de hombres y mujeres de Dios en Puerto Rico y en otros países se unieron en oración clamando a Dios a mi favor. A todos ellos hoy les doy mi más sincero agradecimiento por sus oraciones y buenos deseos para conmigo. Esas palabras de aliento y oraciones que a diario recibía demostraban el amor de Dios en cada uno de ellos.

El cansancio ante los continuos estudios y dolorosos análisis a los que fui sometida agobiaba mi cuerpo. No obstante, en cada oportunidad que tenía animaba y hablaba del amor de Dios a los demás pacientes que atravesaban por mi misma situación.

Semanas más tarde comencé a sentir en mi cuerpo síntomas que nunca antes había experimentado. Tenía fuertes dolores en el hígado y mi vientre se inflamaba cada vez más. Los días pasaban y comencé a cuestionarme si realmente Dios quería que me quedara a la espera de un donante. Entre dudas, dolores y fe, oré al Señor para saber si debía continuar esperando o regresar a Puerto Rico. Necesitaba oír la voz de mi Dios durante ese tiempo de espera. La seguridad de mi salvación me daba paz. Sabía que cualquier cosa que sucediera, Dios estaría en control.

Estar plenamente convencidos de nuestra salvación y de nuestra relación con Dios es sumamente importante. No podemos permitir que el enemigo tome ventaja en los momentos difíciles que llegan a nuestra vida. Yo estaba segura y confiada en mi salvación por medio de Jesucristo. Por tanto, la paz de Dios embargaba todo mi ser.

Cada día y cada instante eran relevantes en mi vida. Ya había transcurrido un mes y medio y no había señales de donante alguno. Me angustiaba la idea de pensar que alguien debía morir para que se prolongara mi vida. El Espíritu Santo me consolaba al saber que Dios entregó a su Hijo por amor a la humanidad.

> Estar plenamente convencidos de nuestra salvación y de nuestra relación con Dios es sumamente importante.

Los doctores me habían entregado un "beeper" para localizarme ante la urgencia de la llegada de algún órgano disponible para mí. Miraba continuamente el beeper, pero no sonaba. Mi mamá, siendo yo hija única, estaba sumamente triste.

El 22 de octubre de 2001, aproximadamente a las 12 del mediodía, estaba en el departamento donde nos alojábamos, y tuve la gran necesidad de encerrarme a hablar con Dios. Aquél día clamé: "Señor, no puedo esperar más, algo tiene que suceder". Le decía que regresaría a Puerto Rico con o sin trasplante. Sentía que no podía más, y así se lo hice saber.

Solía encerrarme en mi habitación para que mi esposo Pablo

ni mi madre me escucharan y mordía una toalla mientras lloraba y clamaba. De repente oí que tocan a la puerta de mi habitación, era mi esposo que entraba al cuarto para postrarse a clamar junto a mí.

Luego de estar un rato orando y diciéndole al Señor cuánto extrañaba la iglesia, mi familia, mi país… Mi mamá tocó a la puerta de la habitación y enseguida la abrió para decir: "Wanda, llegaron una personas que dicen que te traen un hígado. Son personas que te conocen y dicen que vienen desde Orlando, Florida". Exaltada y sorprendida, me puse en pie rápidamente. Sequé mis lágrimas y salí a recibirlos con la expectativa de que algo iba a suceder, pues hacía apenas unos minutos había estado orando por el Milagro de vida. Puedo decir como dijo el David: "Pacientemente esperé a Jehová, y se inclinó a mí, y oyó mi clamor" (Salmo 40:1).

El donante

Para mi sorpresa, la visita de esa tarde era una pastora que hacía años no veía: Sara Carro. Ella reside en la ciudad de Orlando y la acompañaban dos personas de su congregación. La noche anterior, Dios, por medio de una anciana de su iglesia, le había dicho al Hno. Tato Escobar, que tenían que venir a verme. Él respondió: "Señor, tú sabes que no tengo automóvil. Ni tengo idea dónde se encuentra la pastora Wanda Rolón". Pero Dios mantuvo firme su orden. Esta era apremiante. Así fue que viajaron desde Orlando hasta Jacksonville en autobús, en obediencia al mandato del Señor. Lo curioso de esta visita es que ellos no sabían dónde me alojaba, pero Dios los dirigió exactamente al lugar.

El Espíritu Santo tomó control de aquella reunión. La sala del apartamento se inundó de la presencia de Dios. Movida por el Señor comencé a ministrarles y a darles una palabra profética. En ese instante, la pastora Carro declaró: "Les dije que veníamos a bendecir, pero que también saldríamos bendecidos". ¡Gloria a Dios! No podemos negarnos en ningún momento a ser usados por el Señor, pues aun en medio de tu desierto hay personas que van a ser bendecidas a través de ti.

Tato Escobar comenzó a contarme que Dios le había dado un mensaje para mí y que debía decírmelo. Sus palabras fueron: "Anoche Dios me habló y dijo que tenía que venir a darle un mensaje, pero yo no sabía la magnitud de lo que significaba. El Señor dijo que el hígado que usted necesita ya está listo".

Por medio de esta experiencia comprendí que Dios había respondido a lo que unas horas antes en profundo clamor le había pedido. El Señor me estaba haciendo entrega de mi hígado en el mundo espiritual. Realmente le creí a Dios.

En situaciones como esta se debe tener cautela con crear falsas esperanzas cuando Dios no ha hablado realmente. Más aún cuando la persona se debate entre la vida y la muerte. Debemos tener la certeza que se trata de un mensaje divino, porque sólo así tendrá cumplimiento. En mi caso, percibí de inmediato en mi espíritu que estos hermanos habían sido enviados por Dios.

Ese mismo día, a las 8 de la noche recibí la llamada de Alex Santana, un joven maravilloso a quien mi familia y yo amamos mucho, ya que lo conocemos hace más de 20 años. En la conversación me decía que ya había aparecido un hígado.

"¿Cómo que apareció un hígado?", cuestioné. Y él volvió a repetir: "Sí, apareció el hígado". Pero... "¿y cómo? ¿de qué forma?..." Todo parecía un sueño. Luego de tanta espera, días y noches de desvelos casi no podía entender lo que estaba ocurriendo.

Alex me indicó que una mujer llamada Sonia Power, a quien había conocido algunos años antes en un retiro que participé en la ciudad de Chicago, estaba de visita en Puerto Rico. Su prima había sufrido un derrame cerebral y se encontraba en estado de coma en uno de los hospitales de la Isla. Previo al viaje, el Señor le había hablado y dicho: "Vas a ir a Puerto Rico porque voy a hacer una obra grande con tu prima a través de ti". Ella pensó que Dios le daría vida a su prima cuando ella orara, y luego se levantaría. Algo que Dios podía haber hecho sin duda alguna, pero Él tenía otros planes.

La muerte no es una tragedia para el creyente, todo lo contrario. La Biblia dice que: "Estimada es a los ojos de Jehová la muerte de sus santos" (Salmo 116:15). El apóstol Pablo dice: "Porque para mí el vivir es Cristo, y el morir es ganancia". Llegó a la isla con la Palabra que Dios le había dado y sin saber qué ocurriría después.

Una tarde, el médico reunió a la familia de la joven, incluyendo a su esposo, Albert Parras, para decirles que le habían declarado muerte cerebral y no había nada que se pudiera hacer para revertir ese diagnóstico. Esa muchacha terminaría siendo mi donante. Se llamaba María Evelyn Echevarría, era hija del Rev. William Echevarría, en aquel entonces pastor de la *Iglesia de Dios* del *Concilio Mission Board*, de Río Grande.

La familia tomó la difícil decisión de que le removieran el respirador artificial que la mantenía con vida, y luego hablaron con los médicos y le manifestaron su deseo de donar los órganos de la joven, y que el hígado sería donado a una persona específica.

La muerte no es una tragedia para el creyente.

Lo grandioso de este milagro es que muchos fueron testigos de que en mis oraciones, públicamente, le había pedido al Señor encontrar un hígado ungido, de alguien que haya servido a Dios.

De repente todo cambió

En el momento más crítico de mi vida, cuando ya casi no tenía fuerzas para continuar, Dios llegó a socorrerme. Él es Todopoderoso y fiel, siempre llega a tiempo. Cuando creemos que nuestra vida está atrapada entre la espada y la pared, debemos entender que no estamos solos. Dios está con nosotros. En los momentos difíciles tenemos disponible su poder, el cual actúa en nosotros para librarnos de toda adversidad.

En el tiempo de espera durante el proceso, ciertos contratiempos se presentaron para tratar de detener el propósito de Dios. Los doctores indicaron que los órganos de los donantes no podían ser entregados a personas escogidas por la familia sin el debido trámite de rigor para estos casos. Entonces preguntaron a la familia de la joven si el hígado era para alguien que estaba en lista de espera, a lo que ellos respondieron de manera afirmativa. Confirmaron que la persona se encontraba en un hospital en Jacksonville, Florida, en espera del órgano.

Con suma firmeza y determinación, la Hna. Sonia Power, mi amiga y prima de la joven fallecida, les dijo que como esposa de un cardiólogo, tenía conocimiento de que la familia podía autorizar la donación directa al paciente escogido, si realmente existía una situación que lo ameritaba. Doy gloria a Dios por Sonia, quien en ese momento se dejó utilizar como instrumento del

Señor y conocía esa información tan vital para mí. Comprendí que tal decisión provino del mismo trono de Dios para ofrecerme un regalo de vida.

Donde no había esperanza llegó la luz del Señor a resplandecer fuertemente en mi vida. Todo estaba retomando su lugar. Lo único que esperábamos era que el hígado fuera compatible en peso, tamaño y tipo de sangre.

Era muy difícil encontrar un donante con mi mismo tipo de sangre. La posibilidad de que apareciera era poco probable. Pasé la noche en vela esperando noticias acerca de las pruebas para conocer la compatibilidad.

La mañana siguiente, luego de esperar toda la noche, llegó la llamada esperada. La coordinadora dijo: "Le tenemos una noticia. Apareció un donante". Y yo le respondí con ansiedad: "¿Es de Puerto Rico?". A lo que ella dijo: "¿Cómo lo sabe?". Usualmente quienes reciben órganos no conocen a sus donantes, pero definitivamente el milagro de vida había comenzado.

Finalmente, y luego de saber que ese hígado era compatible conmigo, el personal médico de la *Clínica Mayo* indicó que traerían el hígado desde Puerto Rico. Sólo contaban con un máximo de cuatro horas para trasladarlo sin que sufriese daños. Pensar que el hígado podría venir de la Isla me causaba mucha más emoción.

¡Gracias a *Lifelink* de Puerto Rico por su campaña de donación de órganos!

Capítulo 5

No permitas que te roben lo que te pertenece

ON CUARENTA Y dos años de edad me sentía en la flor de mi juventud. Tenía una familia, proyectos, una palabra de parte de Dios, una visión y tenía que vivir. Pero tanta espera me ayudó a conocer más acerca de mi enfermedad y de los trasplantes. Pero cuanto más conocimiento tenía, más desalentadora eran las noticias.

Luego de saber que el hígado para el trasplante estaba en camino, estuve toda la noche esperando la llamada de la clínica. Finalmente la mañana del martes 23 de octubre de 2001 recibí con ansias la comunicación: "Señora Rolón, recibimos un hígado y se le están haciendo las pruebas de rigor para determinar su compatibilidad. La volveremos a llamar si todos los exámenes que conlleva arrojan resultados positivos. Manténgase en espera".

Me comuniqué con mi hija Marisol para contarle lo que estaba ocurriendo. Ella me respondió: "Mami, anoche estuve hasta las tres de la madrugada peleando una batalla fuerte, y le dije al Señor que era hasta hoy... hasta hoy. ¡Que necesitaba a mi madre! Mis hijos también la necesitan, su esposo, la iglesia... todos la necesitamos. Le pedí que por favor hiciese la obra pronto".

En aquel momento comprendí que cada uno de nosotros, aún sin ponernos de acuerdo, habíamos entrado en una guerra espiritual a favor del milagro que tanto esperábamos. Mi hija Marisol le comunicó a la congregación la noticia e hizo los arreglos para viajar y estar conmigo, aún sin saber si el trasplante sería realizado.

En ese momento el enemigo comenzó a susurrarme al oído diciendo: "Ya no tienes ánimo, no ves las cosas bonitas. Todo está sombrío. No hay esperanzas". Inmediatamente reaccioné y respondí: "Diablo mentiroso. Ahora veo las flores más lindas, la grama más verde. Todo es más hermoso".

El diablo acecha en medio de la crisis porque estamos vulnerables. En algún momento intentará atacar tu vida, pero lo que va a determinar tu victoria son tus raíces, tu fe, tu fortaleza y tus convicciones. Por eso es importante que abras tus oídos, ya que la fe viene por el oír la Palabra de Dios. Ten disciplina, tiempo devocional y raíces con Dios para cuando lleguen las tormentas, y que cuando los momentos difíciles hagan su aparición, nada te arrebate lo que es tuyo.

> "Por lo demás, hermanos míos, fortaleceos en el Señor, y en el poder de su fuerza. Vestíos de toda la armadura de Dios, para que podáis estar firmes contra las asechanzas del diablo" (Efesios 6:10-11).

Nuestro adversario no está contento. Él no está amarrado, anda suelto buscando a quien devorar, y si te ve débil en la fe, te atacará y habrás sido presa fácil. Debemos vestirnos de toda la armadura para fortalecernos y capacitarnos.

> "Porque no tenemos lucha contra sangre y carne, sino contra principados, contra potestades, contra los gobernadores de las tinieblas de este siglo, contra huestes espirituales de maldad en las regiones celestes" (Efesios 6:12).

En largas horas de oración le he preguntado a Dios si pude haber evitado este ataque, pero su respuesta fue negativa. No pude evitarlo, por eso vino el momento de la prueba con toda la furia del infierno, pero hoy estoy en pie y en victoria.

La fe viene por el oír la Palabra de Dios.

Nos es necesario pelear las batallas, porque la guerra ya se ganó. Cristo la ganó para nosotros. El apóstol Pablo dijo que a todos nos toca pelear la buena batalla, pero sabiendo que la victoria ya está garantizada.

Tus enemigos y angustiadores

He leído tantas veces el Salmo 27, y puedo determinar que es una exuberante declaración de fe, algo que excede lo natural y normal. Una de las cosas que he descubierto de David, autor de este salmo, son los grandes monólogos que tenía consigo mismo. Es que en nuestra propia mente, en nuestra propia vida, es donde debemos librar las grandes batallas.

No podrás alcanzar mayores cosas si primero no las ha conquistado en tu mente, recién entonces podrás hacerlo en el mundo espiritual. En mi caso, lo primero que tuve que hacer fue vencer el pensamiento de derrota. Debes saber que si lo puedes creer y lo puedes ver, lo puedes tener.

Por eso dice el salmista dice: "Jehová es mi luz y mi salvación; ¿de quién temeré?" (v.1a). Una de las cosas que se hace en la guerra es andar encubierto para que el enemigo no te vea, debes caminar sin linterna y con muy poca luz para que no te sorprendan.

Pero David dice: "Yo soy un guerrero y sé quien es mi linterna, mi lámpara: Jesucristo el Señor". Él se habla a sí mismo recordando y afirmando que no debe temerle a nada cuando se sienta desmayar, cuando sienta que no tiene más fuerzas.

Luego continúa diciéndose: "Jehová es la fortaleza de mi vida; ¿de quién he de atemorizarme?" (v.1b).

Debes activar el poder de fortaleza que hay en ti. Esta no viene del que sonríe contigo ni del que te anima. Jehová es la fuente de tu fortaleza. David era un guerrero experto en batalla. Ya había vencido grandes gigantes y alcanzado grandes logros, pero reconocía que Jehová era su fortaleza.

El apóstol Pablo dijo en 2 de Corintios: *"Me fue dado un aguijón en mi carne, un mensajero de Satanás que me abofetee, para que no me enaltezca sobremanera; respecto a lo cual tres veces he rogado al Señor, que lo quite de mí"* (v.7b-8). Pero Dios le respondió: *"Bástate mi gracia; porque mi poder se perfecciona en la debilidad. Por tanto, de buena gana me gloriaré más bien en mis debilidades, para que repose sobre mí el poder de Cristo"* (v.9).

Cuando creas que todo lo puedes sin Dios, ahí comenzó tu fracaso. Cuando creas que lo sabes todo, tienes que reconocer, como lo hizo David, que aun siendo un guerrero experto hay uno por encima de ti que es más experto y de quien dependes para no fracasar.

Levántate cada mañana, mira al horizonte, y declara como yo: "Jehová es la fortaleza de mi vida. Comienzo este nuevo día en victoria y no me voy a atemorizar de lo que pase".

Pero continuemos leyendo las declaraciones asombrosas de David al decir: *"Cuando se juntaron contra mí los malignos, mis angustiadores y mis enemigos, para comer mis carnes, ellos tropezaron y cayeron"* (v.2).

Los cuervos se juntan, y los malignos también. No saben caminar solos porque dependen de otros. Solos no pueden. Sin embargo, tú y Dios son mayoría. Tú estás en un lugar y estás con

Dios. Entonces cuando venga el enemigo puedes decirle: "¿Tú y quien más vienen contra mí? Porque nosotros somos un ejército".

Cuando se junten, porque se tienen que juntar, y cuando te vean, porque los malignos saben que eres una amenaza, aunque estés tú solo, porque ellos saben que tienes algo y tratarán de detenerte. Los malignos se juntan, maquinan y trabajan en tu contra porque saben que lo que estás haciendo es para Dios. Estás bendiciendo tu familia, tu ciudad, y eventualmente transformando una nación entera por el poder de Dios.

David tenía muchos angustiadores. Esos son los que sin armas, sin disparar un solo tiro o lanzar una sola flecha, continuamente están lanzando saetas contra tu vida, decretando en tu contra. Diciéndote que no sirves y no vales, para angustiarte. Ellos saben que un espíritu angustiado no puede levantarse a hacer lo que Dios dice.

Los malignos y los angustiadores se pueden juntar y venir contra ti como enviados del diablo para que te desarmes y te detengas. Ellos nunca van a pensar bien de ti. Nunca harán nada a tu favor. Siempre van a estar en tu contra porque no son enemigos tuyos, sino enemigos de la cruz de Cristo. Son enemigos del Señor, y no pueden ser buenos contigo porque no aman a Dios.

Se juntan con difamaciones, amenazas y ataques, y siempre tiran ponzoña. Por donde pasan lanzan veneno para ver si de alguna manera te intimidan o te angustian. No te dejes angustiar por un diablo derrotado que fue vencido en la cruz del Calvario por un Cristo todopoderoso que lo avergonzó públicamente.

David hablaba más con Dios que con él mismo y con la gente. El problema es que hoy día la gente habla con todo el mundo, menos con Dios. Dios es el último en enterarse del problema.

Espera siempre de Dios. Él va a tocar a los demás para que te bendigan, para que sostengan tus brazos en los momentos de dificultad. ¡Pero tienes que contar con Dios! No dependas de lo que te rodea sino de lo que está por encima de ti. El que te conoce, el que entregó su vida en la cruz del Calvario por amor a ti, Él lo hará.

Mi fe no está puesta en los hombres sino en Jehová. Si así no hubiera sido, yo no estuviera aquí, hubieran acabado conmigo, pero no han podido. La gente busca el favor de los hombres, pero yo quiero el favor de Dios. Si Dios es conmigo ¿Quién contra mí? Si Jehová de los ejércitos está conmigo ¿Quién contra mí?

Espera siempre de Dios.

Los enemigos y los angustiadores vienen como cuervos a comer tu carne y tienen un plan para destruirte, pero no podrán hacerlo si no cuentan contigo.

El hombre o la mujer que se levanta en fe, no importa lo que vea, lo que sienta, lo que le rodea o lo que esté sucediendo en el mundo natural, declara: "Yo tengo Uno que es más alto que yo. Tengo Uno cuyos pensamientos son más altos que los míos. Tengo a Uno que no ha perdido una sola batalla. Yo tengo un Dios grande y maravilloso". Quien haga esta declaración ganará la batalla.

Hoy tiene que haber una iglesia que reconozca a Dios por encima de todo. Más allá de los adelantos, de la tecnología, del internet, por encima de las computadoras, de los teléfonos, de todo. No es el sistema de influencia de los que están a tu alrededor, que dicen que te apoyan, tú tienes que aprender a conectarte con el Dios de los cielos para que su presencia vaya contigo, delante de ti, y te rodee.

Entonces, cuando vengan el maligno y los angustiadores, tus enemigos, se encontrarán con una piedra que los hará tropezar. Esa piedra se llama Cristo. Él es la Piedra angular que desecharon los que edificaban, pero vino a ser cabeza del ángulo. Esa piedra hace que algunos tropiecen para salvación, pero otros para destrucción porque no lo quieren reconocer. Ese va delante de ti.

Tus enemigos pretenden comer tu carne, dice la Palabra, pero tropezaron y cayeron (v.2). Pero prepárate para ver la caída del que vino a deshonrarte y angustiarte.

Luego David declara: *"Aunque un ejército acampe contra mí, no temerá mi corazón; aunque contra mí se levante guerra, yo estaré confiado"* (Salmo 27:3).

Tenemos que vencer en nuestra mente y en nuestro corazón. Si el temor se apodera de ti ya eres presa del enemigo. No importa lo que te esté acechando, lo que te esté sucediendo, lo que debes saber es que el que está contigo es más grande y poderoso. Por eso esta exuberante declaración de fe.

La Palabra dice que "aunque un ejército se levante en guerra contra ti". Una guerra no es un simple pleito, no es una rencilla familiar ni una discusión o enemistad. Una guerra es un conflicto importante que se compone de muchas personas conformando un ejército de armamento pesado. Contra ti han preparado tanques de guerra, porque debes darte cuenta que eres una amenaza para el infierno. Pero la hora llegó en que te pares firme y entiendas que aunque un ejército acampe contra ti y los malignos se junten con los angustiadores, nada te sucederá, porque eres un hijo e hija de Dios.

> "Una cosa he demandado a Jehová, ésta buscaré; que esté yo en la casa de Jehová todos los días de mi vida, para contemplar la hermosura de Jehová, y para inquirir en su templo. Porque él me esconderá en su tabernáculo en el día del mal; me ocultará en lo reservado de su morada; sobre una roca me pondrá en alto. Luego levantará mi cabeza sobre mis enemigos que me rodean, y yo sacrificaré en su tabernáculo sacrificios de júbilo; cantaré y entonaré alabanzas a Jehová" (Salmo 27:4-6).

David demandó una cosa a Jehová: que pueda estar en su presencia continuamente. El tabernáculo de Jehová está dentro de ti. Allí Él te guardará en el día del mal. David estaba muy seguro de eso. Ya Dios lo había escondido de sus enemigos, cuando en ocasiones lo buscaban dentro de una cueva y no lo hallaron. Cuando te encuentras bajo el manto y la presencia de Dios no te van a encontrar, porque estás escondido en la presencia de Dios.

> "Oye, oh Jehová, mi voz con que a ti clamo; ten misericordia de mí, y respóndeme. Mi corazón ha dicho de ti: Buscad mi rostro. Tu rostro buscaré, oh Jehová; no escondas tu rostro de mí. No apartes con ira a tu siervo; mi ayuda has sido. No me dejes ni me desampares, Dios de mi salvación. Aunque mi padre y mi madre me dejaran, con todo, Jehová me recogerá. Enséñame, oh Jehová, tu camino, y guíame por senda de rectitud a causa de mis enemigos" (Salmo 27:7-11).

En el verso 7, David habla con Dios y con él mismo. Deja de hablar con tanta gente que quizás hasta puedan malinterpretar lo que tú dices. Habla con Dios, quien tiene una línea privada, sin interferencias para ti.

No importa en qué condición te encuentres, mantén un espíritu dócil, humilde y ministrable. Mantente en la expectativa de aprender y de tratar a tus semejantes como si fueras tú mismo, y aún más grandes que tú.

Tienes que caminar en victoria. No te puedes dar el lujo de ir a la izquierda o a la derecha. Debes seguir y mantenerte en el camino de victoria. Ciertamente hay muchos enemigos que desean desenfocarte porque quieren que pierdas lo que te pertenece. Por mucho tiempo el diablo ha tenido secuestrado lo que te pertenece. Llegó la hora de que asumas tu posición.

Pídele al Señor que te ayude a no resbalar. Aprende a someterte continuamente ante Dios. Arrebata lo que el Señor ya te dio. Sé valiente. Aunque tu propia sangre te persiga, Dios no permitirá que nadie robe lo que te pertenece.

Lo que me pertenece

El 23 de octubre de 2001 los médicos me informaron que la compatibilidad con el hígado fue positiva. Sentí una alegría indescriptible aunque sabía que se trataba de una operación prolongada y de muy alto riesgo. Me convocaron rápidamente al hospital para avanzar con los exámenes pre-quirúrgicos, y todo comenzó a suceder.

La voz de mi amado esposo Pablo fue como un bálsamo durante esos momentos difíciles. Mientras me dirigía a la sala de operaciones me susurró al oído: "Tranquila mi amor. Dios tiene el control. Este es el momento que tanto hemos esperado, así que debemos seguir confiando en que todo saldrá bien". Mi madre, Nina, ponía sus manos sobre mí, bendiciéndome.

Antes de entrar al quirófano, mi madre, Pablo y yo elevamos una oración al Todopoderoso. Me despedí con lágrimas en mis ojos, pero llena de fe y esperanza, diciéndoles que los vería pronto. Me abandoné en los brazos del Señor y confié plenamente en Él.

> Dios no permitirá que nadie
> robe lo que te pertenece.

Mientras me alejaba por ese pasillo que parecía no tener fin, comencé a cantar. Sí, cantaba. No podía dejar de cantar. Sentía una alegría y una confianza indescriptible en lo profundo de mi ser.

Pero el enemigo no descansaba. Constantemente me atacaba con pensamientos de muerte y me repetía: "¿Dónde está tu Dios? Durante toda tu vida has dicho que le crees a Él, y mira lo que te está pasando". Ceñido mis lomos del entendimiento, con la Palabra, pude combatir todo pensamiento contrario. Una y otra vez declaraba con certeza: "No moriré, sino que viviré y contaré las maravillas de Jehová".

Cuando hay decretada Palabra de Dios sobre nuestra vida debemos aferrarnos a ella con todas nuestras fuerzas. Dios no fallará ni mentirá, sino que la cumplirá a su tiempo. Él no es hombre para mentir, ni hijo de hombre para arrepentirse. Sabía que Dios estaba conmigo y que su paz brindaba testimonio a mi espíritu.

No sólo es importante conocer las promesas de Dios sino que también debemos tener por escrito cada palabra profética que nos ha sido declarada. Esa palabra es el mapa de Dios para cada uno. En los momentos de crisis debemos aferrarnos a lo que Dios nos ha dicho por boca de sus profetas. Es importante conocer lo que Dios hará con nosotros para tener certeza de nuestro destino profético. Pues el ataque que el diablo prepara en contra nuestra es para que pensemos que los planes de Dios no se van a cumplir.

Entré a la sala de operaciones sentada en una silla de ruedas, sin anestesia y observando todo lo que ocurría a mi alrededor, incluyendo una caja pequeña donde se encontraba el hígado. Le pedí a los doctores que me permitiesen orar para que el Señor los utilizara en forma precisa y efectiva. Ellos accedieron no sin antes aclararme los riesgos que conllevaba la intervención. Les respondí que Jesús era el cirujano por excelencia. Luego los miré a todos y les dije: "Ustedes van a operar en el nombre de Jesús".

Mientras la anestesia comenzaba a correr por mis venas yo seguía cantando: "Puedo confiar en Él, Él es mi salvador, calma todo mi dolor, puedo confiar en Él...". La operación se prolongó por más de seis horas, y fue todo un éxito.

Salí de la sala de operaciones y me llevaron al cuarto de recuperación. Para sorpresa de todos, no tenía ningún tubo ni máquinas conectadas a mi cuerpo, excepto los drenajes. ¡A Él sea la gloria!

Mientras era intervenida, la congregación en Puerto Rico se mantuvo en alabanza y adoración, agradeciendo al Señor que el milagro ya estaba echo. Ellos habían entrado en un ayuno de veintiún días a favor de mi salud y recuperación inmediata. Ese ayuno no lo entregaron hasta completarlo.

Nuestra fe era el motor que nos sostenía, cada día crecía de manera asombrosa. Mi intimidad con Dios había aumentado durante la espera y mi fe se fortalecía cada día. Estábamos librando una batalla mental. El enemigo quería sembrar temor, ansiedad, preocupación, confusión y hasta desesperación en mí. Era un intento más para destruir mi vida, mi familia y ministerio. Pero no lo logró. A causa de esa fe aún viva, deposité mis temores y ansiedades sobre Dios, porque sabía que Él cuidaría de mí.

Capítulo 6

No mires atrás

Finalizada la operación me trasladaron a una habitación especial de cuidados intensivos. Al despertar sentí un dolor espantoso. A medida que las horas pasaban el dolor era cada vez más intenso. Las molestias en mi pecho y el vientre eran insoportables. Es que los médicos habían cortado el hueso del esternón con una sierra para poder extraer el hígado enfermo y realizar el trasplante.

Estaba frente a la prueba final. Una de las etapas más peligrosas de una operación de esta magnitud era sobrevivir las primeras 24 a 72 horas luego de la cirugía. Eran horas de vital importancia ya que existía un alto riesgo de que el cuerpo pudiese rechazar el hígado nuevo.

Al inicio hubo intentos de rechazo, pero yo seguía orando y declarando: "Amado Dios, este hígado me lo diste como un regalo de vida y ahora es mío... me pertenece".

Luego de nueve días de haber estado en el hospital, me dieron de alta. Durante mi primera visita al médico descubrieron que aún continuaba el

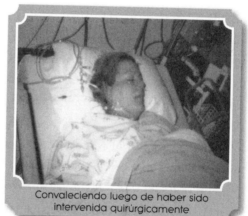

Convaleciendo luego de haber sido intervenida quirúrgicamente

rechazo al trasplante. Por lo tanto me ofrecieron un tratamiento ambulatorio por espacio de ocho días, y para la Gloria a Dios el rechazo se revirtió.

Hubo otro intento fallido del enemigo, cuando los médicos encontraron que el drenaje de la bilis estaba obstruido, y que ante este escenario el hígado podía deteriorarse en poco tiempo. Entonces recomendaron operar nuevamente para corregir el drenaje. ¡No podía creer lo que estaba sucediendo! Fue un tiempo difícil, pero Dios siempre estuvo ahí.

Me practicaron una endoscopia la cual certificó la obstrucción del drenaje. El doctor ordenó actuar con rapidez. Pregunté sobre la posibilidad de otras alternativas para revertir la situación, pero el médico me respondió que por medio de la endoscopia se podría colocar un pequeño tubo (stern), el cual ayudaría a dilatar el drenaje.

Antes de la intervención me informó que existía un gran riesgo. La efectividad de esta operación era solo de un 40 por ciento. Le respondí que avanzara, que yo era parte de ese porcentaje.

Ese día creí profundamente lo que el salmista declaró en el Salmo 23, pues lo estaba viviendo en carne propia.

"Jehová es mi pastor; nada me faltará. En lugares de delicados pastos me hará descansar; junto a aguas de reposo me pastoreará. Confortará mi alma; me guiará por sendas de justicia por amor de su nombre. Aunque ande en valle de sombra de muerte, no temeré mal alguno, porque tú estarás conmigo; *tu vara y tu cayado* me infundirán aliento" (vv.1-4).

Una vez más, Dios se glorificó y la intervención resultó exitosa. Los mismos médicos testificaron que mi recuperación fue asombrosa e impactante. Para un paciente trasplantado el tiempo de convalecencia es prolongado, y luego las complicaciones son constantes y riesgosas.

Aunque el doctor me había prohibido estar en sitios donde había mucha gente reunida, decidí ir a la iglesia. Sabía que Dios me cuidaría. Yo haría mi parte, y eso es lo que hago. Amo el ministerio y no puedo dejar de testificar lo que Dios ha hecho en mí. He decidido dejarle saber al mundo entero que el tiempo de los milagros no ha pasado.

Jehová es mi pastor, nada me faltará.

Desde el primer día que me enteré de mi enfermedad, nunca la escondí, pues no tengo de qué avergonzarme. Soy una sierva de Dios con o sin hígado. ¡Tenemos que creerle a Dios! Ha valido el esfuerzo servirle a Dios. Con Dios tenemos todas las de ganar, sin Él nada podemos hacer.

Ser como un león

Qué fácil olvidamos los buenos tiempos y las victorias que hemos vivido. Pareciera que en nuestro subconsciente se mantienen solo los fracasos y las cosas que aun no hemos alcanzado. Sin embargo, Dios pretende que llenemos nuestra mente de su Palabra para que podamos combatir todos los pensamientos de derrota que nos vienen a confundir.

En consecuencia la palabra dice que: "Tres cosas hay de hermoso andar, y la cuarta pasea muy bien: *El león, fuerte entre todos los animales, que no vuelve atrás por nada*; el ceñido de lomos; asimismo el macho cabrío; y el rey, a quien nadie resiste" (Proverbios 30:29-31)

Uno de los nombres de Jesús es León de la tribu de Judá. Él no miró hacia atrás sino que mantuvo su posición por nosotros, para ir a la cruz del Calvario y entregar su vida.

En este tiempo estamos viviendo ataques que incitan a la gente para quitarse la vida, para que dejen de soñar, para que no avancen y piensen que todo está perdido. Pero todo esto es mentira, pues Dios todavía sigue haciendo milagros. El todopoderoso de los cielos todavía tiene misericordia, amor, y posee todo lo que el hombre necesita para levantarse. Dios puede restaurar tu familia, dar vida a los muertos, sanar a los enfermos y libertar a los cautivos. Él NO ha perdido su poder.

Pero por encima de todo lo malo que está ocurriendo a nuestro alrededor hay una noticia que retumba sobre los aires y sobre nosotros. Los cristianos somos los encargados de dar a conocer las buenas noticias. Tenemos el Evangelio del reino con buenas noticias, y la tarea es extenderla y expandirla a nuestro alrededor.

Hay que tomar decisiones radicales y de bendición, porque hemos dedicado demasiado tiempo trabajando con cosas y personas del pasado que ya no representan un avance, sino que te mantienen en retroceso. Recuerdos que no te dejan crecer, no te permiten avanzar en el reino y alcanzar las metas que Dios te ha declarado, ni siquiera ver la gloria de Dios.

Hay cosas que hay que arrancar de raíz por amor a ti mismo, y por amor a las promesas de Dios hechas a tu vida. Dios te va a pedir cuentas si no tomas esas decisiones.

En los capítulos 18 y 19 del libro de Génesis podemos leer acerca de la intercesión de Abraham por su sobrino Lot y su familia, que vivían en Sodoma. Jehová estaba enojado con Sodoma por la gran maldad que había allí, y quería destruirla. Entonces Jehová le explicó a Abraham lo que iba a hacer, y este pidió misericordia por los justos que vivían allá. Así fue que Dios envió ángeles para que les avisaran a Lot y su familia que vivían en Sodoma, que debían irse de la ciudad.

Dejar a Sodoma no era una decisión fácil para Lot y su esposa. Allí tenían sus riquezas, su vida, sus amigos, pero también estaba su dolor. Allí estaba todo lo que hasta ese momento ellos habían vivido y conocido. Pero Dios estaba dispuesto a destruir la ciudad a causa del pecado, no sin antes avisarle y darles la oportunidad a los justos de que abandonasen esa tierra. Cuando Dios da una orden hay que obedecerla, porque Él sabe lo que más nos conviene.

Aunque ellos no eran participes del pecado de esa ciudad debían tomar una decisión y avanzar sin mirar atrás, porque Dios ya había determinado el futuro de Sodoma.

Lot y parte de su familia, ya que algunos de ellos se rieron de él y de la advertencia que Dios les había enviado, salieron de la ciudad camino a una pequeña ciudad cercana llamada Zoar. Dios le prometió a Lot que no destruiría Zoar para que él y su familia pudieran quedarse allí y protegerse de la destrucción que vendría sobre Sodoma.

Cuando Dios da una orden
hay que obedecerla.

"Date prisa, escápate allá; porque nada podré hacer hasta que hayas llegado allí. Por eso fue llamado el nombre de la ciudad, Zoar. El sol salía sobre la tierra, cuando Lot llegó a Zoar. Entonces Jehová hizo llover sobre Sodoma y sobre Gomorra azufre y fuego de parte de Jehová desde los cielos; y destruyó las ciudades, y toda aquella llanura, con todos los moradores de aquellas ciudades, y el fruto de la tierra" (Génesis 19:22-25).

Así fue que Lot salió de Sodoma camino a Zoar. Sin embargo algo ocurrió:

tonces la mujer de Lot miró atrás, a espaldas de él,
y se volvió estatua de sal" (v.26)

Hay personas a las que se les ha dicho que salgan de su Sodoma, pero están tan ligadas a lo que han dejado atrás que no pueden evitar mirar el pasado, y tristemente hasta pueden llegar a perder la salvación.

La desobediencia de la esposa de Lot la llevó a la muerte. Esto nos enseña que a veces hay que romper con aquello que nos liga al pasado, aún hasta con relaciones familiares. No es que debas odiar a la familia, por el contrario, hay que amarlos y orar por ellos, pero Dios quiere que hagamos una separación. Tal vez no podamos caminar hoy con ellos porque en este momento no representan una bendición, sino un tropiezo. Hay que avanzar y estar enfocados en Jesús para poder cubrirlos eventualmente a ellos.

Sodoma representa los tesoros, los bienes, el pasado, los recuerdos que traen tristeza a nuestro corazón. Seguir la Palabra de Dios representa tu fe en Cristo Jesús. Lot confió en la palabra que le dieron los ángeles, y esto significó salvación para él y sus hijas.

En este momento hay muchas personas arraigadas a las cosas de este mundo y a su pasado, y no desean soltar nada porque para ellas representa su seguridad. Es mejor entregarle todo al Señor, y de ahí en adelante seguir con fe.

No te detengas

¿Cuántas veces tus fuerzas han decaído? No te detengas ¡Prosigue! Cuando Dios te llamó, te dijo: "Venid a mí todos los que estáis trabajados y cargados, y yo os haré descansar" (Mateo 11:28).

El enemigo quiere que miremos atrás, pero la iglesia de Cristo no va a retroceder. Tenemos que estar dispuestos a todo, esperando en Cristo, porque Él es nuestra fe y nuestra fortaleza. Hay que proseguir al blanco, hacia adelante. No te puedes quedar a mitad del camino, porque es más lo que has avanzado que lo que te falta para llegar. Dios va a completar y a honrar tus sueños. No le permitas a nadie que detenga tu paso. ¡No dejes que ninguna situación te haga volver atrás!

"Mas tú, oh hombre de Dios, huye de estas cosas, y sigue la justicia, la piedad, la fe, el amor, la paciencia, la mansedumbre. Pelea la buena batalla de la fe, echa mano de la vida eterna, a la cual asimismo fuiste llamado, habiendo hecho la buena profesión delante de muchos testigos. Te mando delante de Dios, que da vida a todas las cosas, y de Jesucristo, que dio testimonio de la buena profesión delante de Poncio Pilato, que guardes el mandamiento sin mácula ni reprensión, hasta la aparición de nuestro Señor Jesucristo, la cual a su tiempo mostrará el bienaventurado y solo Soberano, Rey de reyes, y Señor de señores" (1 Timoteo 6:11-15).

La fe no es abstracta. La fe hace y acciona, pero no lo hace sola sino a través de nosotros. Hoy la gente tiene que probarle a Dios que le cree, accionando. Aunque se levante el enemigo como río, nada te debe detener. La fe es reconocer que Dios está con nosotros como poderoso gigante.

Das marcha atrás con palabras y acciones así que ¡NO LO HAGAS!

Dios te llamó a ganar almas. No des marcha atrás.

Dios te llamó a aumentar tu radio de influencia. No des marcha atrás.

Dios te llamó a brillar. No des marcha atrás.

Dios te llamó a bendecir. No des marcha atrás.

Dios te llamó a levantarte. No des marcha atrás.

Dios te llamó a tener éxito. No des marcha atrás.

"Mas el justo vivirá por fe; y si retrocediere, no agradará a mi alma" (Hebreos 10:38).

Hay una nube de testigos a tu alrededor que espera que nunca retrocedas. Cuando clames al Señor, te dará nueva vida y fuerzas. Dios quiere que aprendamos a depender de Él totalmente, por eso es que vivimos por fe. No vivimos por las maniobras que podamos hacer ni por los talentos que tengamos, vivimos dependiendo de Dios.

No puedes retroceder, tienes que ser como el león que no retrocede ni da marcha atrás por nada. Atrás no hay nada que buscar. Todo está adelante. Al que te desanima échalo a un lado y sigue hacia adelante. Puestos los ojos en Jesús, el autor y consumador de nuestra fe (Hebreos 12:2). ¡Jesús quiere que te levantes!

Todo lo que el enemigo quiso quitarnos debemos recuperarlo al doble. Todo lo que el enemigo nos quitó tiene que devolvérnoslo, porque estamos determinados a seguir caminando. No nos podemos conformar, tenemos que renovarnos para saber cuál es la buena voluntad de Dios con nosotros, pero no podemos caminar hacia atrás.

Desde pequeña estuve rodeada del cariño de mis padres, los cuales se amaban mucho. Me sentía amada. Cuando tenía dos años y medio, mis padres comenzaron a atravesar problemas en su matrimonio y decidieron separarse. Años después mi madre me contó que no supieron enfrentar sus dificultades, y aún cuando se amaban habían tomado la decisión de divorciarse. En un nuevo intento por restablecer la familia volvieron a contraer matrimonio. Mi madre volvió a quedar embarazada y nació mi hermano varón, quien falleció a los seis meses, víctima de una pulmonía. Este hecho fue demasiado doloroso para ambos y se distanciaron definitivamente. Ellos no pudieron manejar el dolor de esa pérdida.

Todo lo que el enemigo quiso quitarnos
debemos recuperarlo al doble.

En ese tiempo era un estigma ser una mujer divorciada, pero aún así mi madre se abrió paso en la vida para levantar su hogar y criarme. Nací en Nueva York pero me crié en Puerto Rico.

Amaba la música. Me llamaba mucho la atención la guitarra, y aprendí a tocarla con la ayuda de mi papá, quien cantaba y además era muy buen guitarrista. También descubrí que me gustaba cantar. De mi madre heredé el amor por la música romántica.

A los quince años fui invitada a cantar en un lugar donde los nuevos talentos tenían su oportunidad. Allí conocí a varios cantantes que iniciaban sus carreras, entre ellos Felito Félix y Danny Rivera. Gané la competencia y el Sr. Tony Mojena, de Gema Records, le hizo una propuesta a mi madre en cuanto a mi futuro vinculado a la música.

Él quería que yo incursionara en el mundo artístico como cantante, ya que mi voz era diferente, muy particular. Mi madre se negó rotundamente pues sintió temor del ambiente en que iba a ingresar. Me molesté mucho, pensé que ella había sido muy egoísta al no permitir que mi sueño se cumpliera. Hoy entiendo que Dios me reservó para él. Tenía algo muy especial para mí. Así fue que dediqué mi vida y mi talento a Dios.

Grabé varios discos, y en Puerto Rico comenzaron a conocerme como "La Pastora que canta". Una vez más reafirmo que cuando Dios llama, de igual forma respalda, capacita y protege. Él nos conoce desde que estábamos en el vientre de nuestra madre, y aunque el enemigo quiera venir a cambiar nuestro propósito y opacar los talentos, no lo logrará.

Si tienes algo es porque Dios te lo dio y tienes que multiplicarlo, porque tienes la certeza de que algún día Cristo volverá y te pedirá cuentas de todo lo que te entregó, como los talentos y los dones.

No es tiempo de retroceder. Es tiempo de seguir hacia adelante. Los verdaderos valientes no son lo que se van con la corriente, sino los que hacen que la corriente cambie hacia ellos. "Conviértanse ellos a ti, y tú no te conviertas a ellos" (Jeremías 15:19b)

Porque de aquél que mira hacia adelante y camina en pos de la meta en Cristo, dice la Palabra lo siguiente:

> "Bienaventurado el hombre que teme a Jehová, y en sus mandamientos se deleita en gran manera. Su descendencia será poderosa en la tierra; la generación de los rectos será bendita. Bienes y riquezas hay en su casa, y su justicia permanece para siempre. Resplandeció en las tinieblas luz a los rectos; es clemente, misericordioso y justo. El hombre de bien tiene misericordia, y presta; gobierna sus asuntos con juicio, por lo cual

no resbalará jamás. En memoria eterna será el justo. No tendrá temor de malas noticias; su corazón está firme, confiado en Jehová. Asegurado está su corazón; no temerá, hasta que vea en sus enemigos su deseo. Reparte, da a los pobres; su justicia permanece para siempre; su poder será exaltado en gloria. Lo verá el impío y se irritará; crujirá los dientes, y se consumirá. El deseo de los impíos perecerá" (Salmo 112:1-10).

Capítulo 7

El enemigo de tu futuro

Pasado once días del trasplante fui dada de alta, todavía sin haberme quitado los puntos de sutura de la operación. Mi esposo Pablo estaba un poco de gripe, por lo tanto dormía en el "walking closet" del apartamento, pues nadie enfermo debía acercárseme.

Una de esas noches tuve una visita inesperada en mi habitación. Me encontraba sola cuando una presencia siniestra se manifestó y sentí que comenzó a acercarse. Percibí un mal olor en la habitación, una presencia repugnante avanzaba hacia donde yo estaba hasta poner su rostro frente a mí. Cuando abrí mis ojos tenía frente a mí un ser repugnante, como un reptil gigante. Su aspecto era intimidante. Cuando lo vi quedé tan impactada que apenas podía moverme en mi cama.

Me decía:

—Yo soy el que te atacó. Te odio.

—¿Quién eres?, —pregunté.

—Leviatán. No pude matarte, —respondió.

Comencé a reprenderlo con todas mis fuerzas, que no eran muchas, y seguía declarando:

—Vete en el nombre de Jesús. ¡Te reprendo!

Poco a poco me fui deslizando de la cama, ya que estaba frente a mi cara y trataba de impedirme el paso. Pero Dios me dio fuerzas. No olvides que tenía mi herida reciente y un drenaje que me causaba gran dolor. Pero en el nombre de Jesús hay poder.

Logré incorporarme y llegué donde estaba durmiendo mi esposo, abrí la puerta y Pablo se despertó alarmado preguntando: "¿Qué pasó? ¿Qué pasó?". Yo estaba llorando y reprendiendo. Él inmediatamente comenzó a reprender conmigo y finalmente me ayudó a llegar a la sala donde se encontraba la líder de intercesión Jeanette, mi hija y mi mamá. Juntos seguimos orando pues en el ambiente sentíamos una presencia siniestra que finalmente salió de allí, y al hacerlo golpeó fuertemente la puerta.

Días antes de que esto ocurriera había recibido una postal de mi Pastora asociada en la que decía que toda la congregación estaba en ayuno por mi salud, pero la oración específica de ella era que Dios revelara qué demonio había atacado mi vida. Por la Palabra sabemos que hay una jerarquía espiritual en el reino de las tinieblas. Esa noche, estando dormida, ese personaje demoníaco se identificó por su nombre: "Leviatán".

Para muchos es difícil creer experiencias como esta. Pero las Escrituras dicen que tenemos un Dios Todopoderoso pero también hay un enemigo que vino a matar, hurtar y destruir. Jesús dijo: "Y estas señales seguirán a los que creen: En mi nombre echarán fuera demonios; hablarán nuevas lenguas; tomarán en las manos serpientes, y si bebieren cosa mortífera, no les hará daño; sobre los enfermos pondrán sus manos, y sanarán" (Marcos 16:17).

Dios nos dio poder y autoridad sobre el maligno. Creer en el mal o no creer no te eximirá de sufrir estos ataques. Pero Dios a través de Jesús nos ha dado poder para combatir y vencer al enemigo de las almas.

Tenemos un Dios Todopoderoso.

"Y Jesús se acercó y les habló diciendo: Toda potestad me es dada en el cielo y en la tierra" (Mateo 28:18).

Leviatán es una bestia marina asociado siempre a Satanás. La palabra la presenta de esta forma:

"En aquel día Jehová castigará con su espada dura, grande y fuerte al leviatán serpiente veloz, y al leviatán serpiente tortuosa; y matará al dragón que está en el mar" (Isaías 27:1).

A través del Salmo 74:14 declara la victoria aplastante de Cristo sobre la cabeza del Leviatán:

"Magullaste las cabezas del leviatán, y lo diste por comida a los moradores del desierto".

Es tiempo de fortalecerte en el Señor y en el poder de su fuerza, pues no tenemos lucha contra carne ni sangre sino contra principados y potestades, contra los gobernadores de las tinieblas de este siglo, contra huestes espirituales de maldad en las regiones celestes.

Eso fue lo que viví esa noche. Leviatán se presentó en mi habitación, pero en el nombre de Jesús tuvo que irse. Siempre que clamemos a Dios y confiemos en Él, nos dará la victoria. El enemigo estaba interesado en destruirme, pues sabe que somos saetas en las manos de Dios, para manifestar su Gloria.

El enemigo ha sumido en un letargo a muchas personas para que no entiendan, para que no reconozcan lo que está pasando. Y dentro de un sueño, sigue robando y alcanzando más terreno. Pero el Espíritu de Jehová nos ha ungido para esta hora.

El enemigo sabe que le queda poco tiempo, pero este es nuestro tiempo. Este es el tiempo de ver:

"Cosas que ojo no vio, ni oído oyó, ni han subido en corazón de hombre, son las que Dios ha preparado para los que le aman" (1 Corintios 2:9).

Durante un servicio se me acercaron dos personas para contarme que estaban practicando la santería y tenían pacto con Satanás, como parte del pacto usaban una cadena en su pie. Entonces les pedí que se la quitaran. Ellos me dijeron que no podían porque estaba soldada y podían hacerlo solamente con una pinza o alicate fuerte. Comencé a ministrarlos y a orar por ellos. Unos momentos después me dan la cadena, yo la levanto frente a la congregación y comienzo a mostrarla. Pensé que alguien los había ayudado a cortarla, pero al finalizar la reunión me contaron que las cadenas se habían caído solas. ¡Cristo rompe las cadenas! No hizo falta un alicate. La palabra fue declarada y la cadena se rompió.

Golpea hasta vencer

"El año treinta y siete de Joás rey de Judá, comenzó a reinar Joás hijo de Joacaz sobre Israel en Samaria; y reinó dieciséis años. E hizo lo malo ante los ojos de Jehová; no se apartó de todos los pecados de Jeroboam hijo de Nabat, el que hizo pecar a Israel; en ellos anduvo. Los demás hechos de Joás, y todo lo que hizo, y el esfuerzo con que guerreó contra Amasías rey de Judá, ¿no está escrito en el libro de las crónicas de los reyes de Israel? Estaba Eliseo enfermo de la enfermedad de que murió. Y descendió a él Joás rey de Israel, y llorando delante de él, dijo: ¡Padre mío, padre mío, carro de Israel y su gente de a caballo!" (2 Reyes 13:10-14).

Joás comenzó a reinar desde muy jovencito, a los dieciséis años. Este muchacho anduvo en mal camino e hizo pecar a

Israel. Esto tuvo consecuencias. Pero tenía un gran enemigo que era Amasías, rey de Judá, y venía contra Joás, quien decidió ir a ver a Eliseo, que padecía una enfermedad que luego le causó la muerte. Joás fue llorando a ver a Eliseo porque tenía una gran amenaza contra él y necesitaba una palabra de parte de Dios.

No sé lo que te sucedió ayer, pero Dios quiere cambiar tu hoy. Tus pecados de ayer no los puedes seguir arrastrando hoy ni mañana tampoco. Conozco a un Dios que perdona, que restaura y que liberta. Mientras haya profeta en la casa de Dios, mientras haya revelación, dirección y luz, hay poder y esperanza en el Nombre de Jesús.

Puede ser que estés viviendo las consecuencias de las malas decisiones que tomaste en el pasado. Quizás por no haber podido decir no y actuar mal, estás sufriendo las consecuencias. Tú tienes que ser faro en medio de las tinieblas, tienes que ser luz y sal de la tierra. La sal se utiliza para preservar. La luz alumbra en las tinieblas y permite que los hombres que andan en tinieblas puedan ver cuál es la diferencia. Cuando Dios nos llama, nos llama de las tinieblas a su luz admirable. Tenemos la oportunidad de cambiar nuestra vida, girar la dirección equivocada de nuestro barco hacia donde Dios quiera guiarnos. Debes darle a Él el timón de tu vida. Dios tiene el poder para cambiar tu presente y tu mañana.

Pero... ¿Por qué lloraba Joás? Él tenía un enemigo y estaba asustado. Lloraba porque su enemigo lo iba a atacar. Lloraba porque le habían declarado la guerra y querían quitarle lo que le quedaba. Había un anuncio, una amenaza de que iban a invadir su tierra y a tomar sus posesiones. Querían acabar con su vida.

Alguien está diciendo por ahí que tú estás acabado. Pero tengo una palabra para darte: "Este es tu nuevo día. Este es tu nuevo comienzo. Mientras haya palabra de Dios, ¡hay esperanza, hay dirección y hay poder!".

¿Por qué descendió Joás a ver al profeta? Aunque Eliseo estaba enfermo, la unción reposaba sobre él. Joás, que respetaba la unción del profeta, necesitaba una palabra de aliento.

No es casualidad que estés leyendo este libro. Dios tiene una palabra para ti que te va a levantar, que te quitará el temor. No me digas cuán grande es tu problema. Comienza a ver cuán grande es tu Dios.

La respuesta de Eliseo fue la que él estaba esperando:

> "Y le dijo Eliseo: Toma un arco y unas saetas. Tomó él entonces un arco y unas saetas. Luego dijo Eliseo al rey de Israel: Pon tu mano sobre el arco. Y puso él su mano sobre el arco. Entonces puso Eliseo sus manos sobre las manos del rey, y dijo: Abre la ventana que da al oriente. Y cuando él la abrió, dijo Eliseo: Tira. Y tirando él, dijo Eliseo: Saeta de salvación de Jehová, y saeta de salvación contra Siria; porque herirás a los sirios en Afec hasta consumirlos. Y le volvió a decir: Toma las saetas. Y luego que el rey de Israel las hubo tomado, le dijo: Golpea la tierra. Y él la golpeó tres veces, y se detuvo. Entonces el varón de Dios, enojado contra él, le dijo: Al dar cinco o seis golpes, hubieras derrotado a Siria hasta no quedar ninguno; pero ahora sólo tres veces derrotarás a Siria" (2 Reyes 13:15-19).

Cuando el Señor pone su mano, todo cambia. Hemos querido tener victorias sin que Dios esté en medio, sin escuchar su Palabra, sin recibir su consejo. Pero no hay límites para Dios. En el oriente estaban sus enemigos de Joás, y es allí donde Dios lo guía a apuntar su arco.

Dios te dice: "Abre la ventana que da al oriente. No te asustes. No te encierres. Ábrela porque yo te he dado armas espirituales, poderosas en Dios, para destruir las fortalezas del enemigo".

La nación estaba dividida y Joás había cometido muchos errores. Pero la respuesta había llegado a través de las palabras del profeta de Dios quien le dice: "Toma las saetas. Golpea la tierra". Hacer eso era un acto profético.

> Mientras haya palabra de Dios, hay esperanza.

Dios nos ha dado armas para luchar, como por ejemplo la oración, la Palabra, la declaración. Nosotros tenemos que actuar como Dios dice en su Palabra. Ahora debo ir a conquistar a mi enemigo. Si está viviendo en la casa que es mía, si está en un carro que me pertenece. Tengo que actuar en fe para destronarlo, para quitárselo, para despojarlo, ¡ya Dios me dio la palabra!

Siria era una amenaza inminente para Israel. Aunque Joás tenía coraje, estaba asustado y solo golpeó tres veces, pero no fue suficiente, podía haber golpeado muchas veces más y haber ganado la batalla completa. Hay que seguir golpeando, no nos podemos cansar.

Jesús dijo que hay que orar sin cesar y seguir declarando que: "Todo lo que atéis en la tierra, será atado en el cielo; y todo lo que desatéis en la tierra, será desatado en el cielo" (Mateo 18:18).

Nuestro golpe es la declaración en el Nombre de Jesús. En obediencia a través de Cristo tenemos todas las cosas. Eliseo, el varón de Dios, enojado, le dijo: "Al dar cinco o seis golpes, hubieras derrotado a Siria hasta no quedar ninguno; pero ahora sólo tres veces derrotarás a Siria".

Tienes que mantener a tu enemigo en el piso y declarar en el Nombre de Jesús: "Éste no se levanta más". Tienes que mantenerlo vencido. Porque hay quienes reprenden y lo dejan despierto. Tenemos que andar de victoria en victoria, de triunfo en triunfo y de gloria en gloria, hasta que el enemigo tenga que salir corriendo.

> "Jehová derrotará a tus enemigos que se levantaren contra ti; por un camino saldrán contra ti, y por siete caminos huirán de delante de ti" (Deuteronomio 28:7).

Dios quiere que te pongas de pie y, comiences a golpear fuerte hasta derrotar a tus enemigos. Los golpeas hoy. Los golpeas mañana. Los golpearás hasta que no quede sombra de ellos.

Dios te ha dicho que eres más que vencedor. Si no has tenido mayores victorias es porque no has golpeado más fuerte, porque no has clamado más fuerte, porque no te has metido en el terreno del enemigo y le has dicho: "Hasta aquí. Hasta aquí llegaste". Comienza a golpear con fe. Tu enemigo te ha estado arrastrando, pero está derrotado. Tienes que poner la mano en el arco. Tú eres el que le dará dirección a esa saeta. Dios te dio el arco, la saeta y la victoria contra toda situación.

Eliseo se enojó con Joás por la falta de fe, ya que él sólo golpeó tres veces. A veces subestimamos el poder de Dios. Pero Dios no quiere que duermas al enemigo. Él quiere que lo derrotes totalmente en el Nombre de Jesús.

En Josué 1:5 dice: "Nadie te podrá hacer frente en todos los días de tu vida; como estuve con Moisés, estaré contigo; no te dejaré, ni te desampararé".

Era Josué y no otro, quien repartiría al pueblo su heredad. Solamente esfuérzate y sé muy valiente para que cuides de hacer todo lo que está en la Palabra. Para que seas prosperado, y para que no se aparte de tu boca este libro, ni de día, ni de noche.

Dios te ha dicho que eres más que vencedor.

Golpea de día. Golpea de noche. Golpea cuando te diagnostiquen una enfermedad. Golpea cuando tu esposa o esposo se vaya y te abandone. Golpea cuando te quedes si trabajo. Golpea cuando tu familia se desmorona. Continúa golpeando, porque el número de veces que golpees determinará tu victoria.

Satanás ha querido intimidarme diciéndome que los proyectos que tengo son demasiado grandes y que me va a avergonzar. Pero tengo una noticia: El miedo no tiene lugar en mi vida.

Asume tu posición, toma autoridad y grita a viva voz: "¡Espíritu de temor, fuera! ¡Espíritu de enfermedad, fuera!".

A pesar de que Joás no había contribuido mucho a la unidad del reino, Dios lo perdona y lo restaura. A la hora de tener una victoria total para el reino, Dios siempre va a estar a tu lado, pero la victoria dependerá de tu fe. Dios ya dio la Palabra. Él dice que está contigo como poderoso gigante. A través de Jesús hay poder. No puedes vivir en temor, sino confiadamente en el Señor. Toma dominio y autoridad.

He ido a lugares donde hasta los cielos están herméticamente cerrados. Al darme cuenta de eso comienzo a atar, a reprender y a golpear en el Nombre de Jesús. E inmediatamente siento cómo se libera el ambiente y el Reino de Dios comienza a descender.

> "Por lo demás, hermanos míos, fortaleceos en el Señor, y en el poder de su fuerza. Vestíos de toda la armadura de Dios, para que podáis estar firmes contra las asechanzas del diablo. Porque no tenemos lucha contra sangre y carne, sino contra principados, contra potestades, contra los gobernadores de las tinieblas de este siglo, contra huestes espirituales de maldad en las regiones celestes. Por tanto, tomad toda la armadura de Dios, para que podáis resistir en el día malo, y habiendo acabado todo, estar firmes" (Efesios 6:10-13).

Toma la posición que Dios siempre te ha querido dar.

Resiste, no cedas.

Golpea una vez más...

Capítulo 8

¡No te rindas!

UANDO EL SEÑOR nos inquietó a regresar a Puerto Rico y dejar la ciudad de Chicago, nos estaba yendo muy bien en nuestro negocio. En poco tiempo habíamos prosperado pues honrábamos a Dios con nuestros diezmos y ofrendas. El Pastor podía contar con nosotros, pues siempre estuvimos comprometidos con la obra de Dios.

Hablamos con nuestro Pastor y le contamos que el Señor nos estaba enviando a Puerto Rico nuevamente, a lo que él contesto: "Dios tiene control de todo". La pastora sentía una profunda tristeza, al igual que nosotros por dejar nuestra congregación.

Todas las cosas se dieron tal como Dios lo había dicho. Vendimos el negocio, la casa y los vehículos excepto una Van en la que nos trasladamos a Nueva York, y de allí a Puerto Rico. Al llegar compramos una casa con la idea de establecer nuestro negocio en la planta baja de la vivienda.

Comenzamos a congregarnos en aquella pequeña iglesia en Toa Alta, donde nos habíamos convertido. Nos pusimos a disposición de nuestro nuevo Pastor con todo lo que Dios nos había dado. Pasábamos a buscar a los hermanos en nuestra camioneta para asistir a las reuniones. La iglesia no tenía sonido, y lo pusimos. Tuve a cargo el ministerio de alabanza. Aunque la congregación era muy pequeña, no conocíamos las situaciones internas de la misma. Lo único de lo que estábamos seguros era que Dios nos había llevado a trabajar allí.

Algo asombroso ocurría constantemente, en cualquier iglesia que íbamos a visitar Dios me hablaba del gran ministerio que tenía para nosotros. En una ocasión fuimos a visitar una iglesia donde predicaba el evangelista Ronald Short, más de 300 personas estaban allí. De repente, el hombre de Dios me señaló y delante de todos dijo: "Así dice el Señor Dios: Te he escogido para llevar mi Palabra a las naciones. Te separo para el ministerio". ¡Qué privilegio tan grande! Lloré y agradecí que entre tanta gente Dios me hubiese hablado a mí.

No transcurrió mucho tiempo cuando recibí una llamada del pastor de la iglesia que me dijo: "Wanda, quiero decirte que te voy a entregar la iglesia, pues sé que Dios te ha llamado a pastorear". Para ese entonces la iglesia era muy pequeña y con algunas situaciones que enfrentar. Aquella llamada telefónica cambió nuestras vidas, pues ante tantas confirmaciones no pude rechazar la propuesta del pastor. ¡Wow!

Teníamos un gran desafío por delante. Sabía que aquella decisión implicaba muchas luchas, pero si Dios nos había llamado nos daría la victoria, pues el reino de los cielos se hace fuerte y los valientes lo arrebatan. Así fue que me armé de valor en el nombre de Jesús.

Fue una gran sorpresa cuando al transcurrir un mes de estar pastoreando aquella pequeña congregación, donde solo quedaban siete personas, una vecina nos llamó de madrugada para decirnos que habían sacado a la calle el púlpito de madera, las sillas, y todo lo que había en el interior del salón donde nos reuníamos. Había un problema que la iglesia desconocía: la propiedad estaba en litigios legales. Tristemente esta fue una de las razones por las cuales el pastor, al no poder enfrentar esa situación, entregó la obra.

Hay cosas que para algunos es una pérdida o desgracia, pero para otros viene a ser una bendición. A pesar de ese dolor y frustración decidimos caminar por fe en todo lo que Dios nos había hablado al entregarnos ese lugar.

Como familia tomamos la decisión de cerrar nuestro negocio, y en ese lugar, la planta baja de nuestro hogar, establecer la iglesia. Les confieso que no fue fácil tomar tal decisión, ya que representaba dejar de operar nuestro comercio, del cual provenía nuestro mayor ingreso.

Ese día le dije a mi esposo Pablo: "Sabes que si traemos la iglesia aquí, Dios se quedará con todo". Así fue. Al no tener nuestro negocio y los ingresos que este generaba, tuve que volver a ejercer mi carrera en la Banca

El terreno que adquirimos para nuestro templo

hipotecaria. Pero poco a poco el crecimiento de nuestra iglesia se hizo notable, apenas cabíamos en las instalaciones del lugar, que se estaba haciendo cada vez más pequeño. Durante cada reunión decenas de personas se convertían. Las sanidades, prodigios, maravillas y liberaciones ocurrían de manera impresionante.

Hay cosas que para algunos es
una pérdida o desgracia

Todo este crecimiento requirió que al cabo de diez años presentara la renuncia a mi trabajo en la Banca para dedicarme al pastorado a tiempo completo, junto a mi amado esposo. Pablo adquirió un ómnibus de transporte público que durante el día lo usaba para generar ingresos, y en la noche pasaba a buscar a las personas que querían llegar al servicio. Entregamos a Dios nuestra vida, nuestra casa, nuestros sueños personales, todo.

Durante los cultos, yo tocaba la guitarra, mi hija Marisol la batería, y mi esposo el güiro y otros instrumentos de percusión. Teníamos tanta oposición de los vecinos, que nos tiraban piedras sobre el techo de zinc mientras adorábamos. En ocasiones encontrábamos rotos los parabrisas de varios autos por las piedras que lanzaban. Fueron muchos los contratiempos pero nos mantuvimos firmes creyendo que Dios tenía planes mucho más grandes.

Ante este escenario nos dimos a la tarea de conseguir un terreno para la construcción de un nuevo templo. Los resultados no se hicieron esperar ya que Pablo identificó un espacio muy apropiado para desarrollar el proyecto.

Llegamos al lugar, lo pisamos, lo reclamamos y lo tomamos por fe. Aún el gobierno nos negó en principio la adquisición de los terrenos. Pero Dios envió a la pastora Esperanza Garrastegui para declarar que en treinta días ese lugar sería nuestro, y así fue.

Levantamos allí una primera carpa con capacidad para 500 personas, pero en menos de seis meses se hizo pequeña, la iglesia seguía creciendo. Adquirimos una segunda carpa con capacidad para 1,000 personas, y disfrutábamos de unos cultos impresionantes. Al no tener paredes, los que pasaban por allí veían lo que estaba sucediendo, y fueron muchos los que se detuvieron a escuchar y luego se convirtieron al Señor.

Fue un tiempo difícil, donde el calor o la lluvia nos afectaban. Un tiempo donde las mujeres sufríamos pues los zapatos de tacón parecían sombrillas. El cemento rústico del piso y la gravilla del estacionamiento nos destrozaban los zapatos. Ni qué decir de las medias de nylon, se rompían cuando nos hincábamos a orar. Así fue que empezamos a construir el edificio.

Ante la necesidad de dinero para cubrir los gastos, una mujer de la congregación decidió prestarnos el dinero para financiar la primera grabación musical llamada *Mi petición*. Esta fue un éxito, y todas las ganancias se utilizaron íntegramente para edificar la casa al Señor gracias a mi hna. Carmen Leticia Pérez (Letty).

Eran serios los desafíos para recaudar fondos para cada etapa de construcción, cada semana eran verdaderos milagros de provisión. Ya para ese entonces Dios había abierto las puertas en la radio y la televisión. Por la gracia de Dios, desde que se abrió la Cadena del Milagro he tenido programas de televisión con nuestro Hno. Yiye Ávila. Los jueves de cada semana viajaba al pueblo de Camuy, a una hora de distancia. Mi esposo estaba encargado de la construcción de la iglesia. Trabajo arduo pero muy satisfactorio.

Un día fui a grabar un programa de televisión al canal de la *Cadena del Milagro,* y antes de llegar recibimos la noticia que teníamos que conseguir casi $150,000.00 para el acero estructural de la construcción, y no teníamos ni un solo centavo. Al ingresar a los estudios, decidí no grabar el programa y unirme al ayuno que tenía el evangelista Yiye Ávila en su *Ministerio Cristo Viene.* Me arrodillé en una esquina, y de pronto escuche que el hermano Yiye dijo: "Vamos a orar por Wandita que tiene una tremenda carga". Yo dije dentro de mí: "Y es de $150,000.00 dólares". Dios lo usó para decirme: "Lánzate sin temor a la empresa que he puesto en tus manos, yo soy el dueño del oro y la plata. Te llevo a las naciones y los hombres sabrán que yo soy Jehová Dios". Salí de allí sin un centavo, pero con mi fe renovada. ¡DIOS ME

HABÍA HABLADO! Tomé mi celular, y en el viaje de regreso llamé al Ingeniero y le dije que íbamos a firmar el contrato. Su respuesta fue: "Muy bien. Necesito $20,000 para mañana". No podía invalidar con mi actitud la palabra recibida hacía unos momentos a través de uno de los hombres que más respeto y amo: Yiye Ávila. Así que acepté el desafío. El día siguiente tendría el dinero. ¡Oh Dios mío!

Esa noche llegué al servicio en la carpa. Miré la congregación, que para ese entonces era de más o menos 300 a 400 miembros, la mayor parte de ellos de clase media, baja y pobres. Bajé mi cabeza, y luego mire al cielo y les dije: "Amados, necesitamos $20,000, para comprar el acero estructural". Aquella misma noche Dios se glorifico en forma milagrosa y vimos el milagro.

Levantar nuestro primer templo fue todo un desafío. Sin tener los recursos económicos vivimos experiencias de provisión impresionantes. Semana tras semana Dios nos proveía del dinero de la nómina y de la construcción.

Una semana en la que no teníamos dinero para la nómina, me puse a orar reclamando a Dios provisión. Al poco tiempo una joven se presentó e insistió que quería hablar conmigo. La recibí en mi oficina, un viejo vagón que habíamos habilitado para eso, y me dijo que aunque ella estaba apartada guardaba sus diezmos, y que Dios le había dicho ese día que los llevara a nuestra iglesia. El dinero de ese diezmo fue suficiente para cubrir la nómina y los gastos de esa semana. ¡Dios es fiel!

En ese desafiante pero hermoso tiempo, mi madre recibió a Jesús como su Salvador personal. Dios la usó para que pudiéramos sacar del muelle el acero para la construcción del templo. Fueron muchas las personas que Dios añadió a nuestra iglesia en esa temporada tan especial.

Todos trabajaban como hormiguitas, durante el día y la noche. Los hombres y las mujeres se turnaban para llevar el almuerzo. Cuando terminamos de construir el sótano del templo comenzamos a reunirnos allí. Mientras adorábamos a Dios en las noches había una cuadrilla de hombres, liderados por mi esposo Pablo, mezclando cemento, envarillando y empañetando lo que en poco tiempo sería la nave principal. Teníamos una meta y un propósito, y aunque muchos se reían y burlaban de nosotros, nuestra fe estaba puesta en Dios, quien nos había enviado a predicarle al mundo el mensaje de salvación.

Finalmente inauguramos nuestro primer templo el 22 de diciembre de 1991. Estuvimos un mes completo en celebración pues era una victoria impresionante para nosotros.

La maldad del mundo

Cuando comienzas a desarrollar el plan de Dios debes saber que la oposición vendrá a tu vida. Las dificultades llegarán, pero tú no debes rendirte. Si estás atravesando un problema de salud, no te rindas. Si estás enfrentando un desafío económico y no ves la salida, no te rindas. Aunque el panorama que te rodea sea negativo, no te rindas.

"Pero del día y la hora nadie sabe, ni aun los ángeles de los cielos, sino sólo mi Padre. Mas como en los días de Noé, así será la venida del Hijo del Hombre. Porque como en los días antes del diluvio estaban comiendo y bebiendo, casándose y dando en casamiento, hasta el día en que Noé entró en el arca, y no entendieron hasta que vino el diluvio y se los llevó a todos, así será también la venida del Hijo del Hombre" (Mateo 24:36-39).

Jesús enseñaba que cuando menos lo esperemos, Él regresará. La gente se irá acostumbrando y aclimatando a todas las cosas negativas que estamos viendo a nuestro alrededor, pero en medio de una situación común, Jesús volverá. Hoy día vemos a través de los medios de comunicación que los responsables de cuidar a esta generación que se levanta, la están dañando. Personas de quienes jamás lo hubiésemos pensado, las vemos llenas de lascivia y de pecado, haciendo maldad y dañando a otros.

> Cuando comienzas a desarrollar el plan de Dios debes saber que la oposición vendrá a tu vida.

Estamos viviendo tiempos difíciles, y hemos llegado al punto de encontrar primeras planas de periódicos llenas de sangre y ni siquiera sorprendernos, sino tomarlo como algo normal. ¡Esto es un peligro! Nosotros los cristianos estamos aquí para ser la diferencia, para corregir, para sazonar y ser luz. Debemos ser un ejemplo a la sociedad.

En la antigüedad la gente vivía más de 600 años, pero a causa del pecado y la maldad, la vida del ser humano se acortó.

"Y dijo Jehová: No contenderá mi espíritu con el hombre para siempre, porque ciertamente él es carne; mas serán sus días ciento veinte años" (Génesis 6:3).

"Y vio Jehová que la maldad de los hombres era mucha en la tierra, y que todo designio de los pensamientos del corazón de ellos era de continuo solamente el mal. Y se arrepintió Jehová de haber hecho hombre en la tierra, y le dolió en su corazón" (Génesis 6:5-6).

En nuestros tiempos la violencia y la maldad se han extendido. Dios ve lo que está pasando, pero a diferencia de los tiempos antiguos, los de Noé, hoy vivimos bajo la dispensación de la gracia. Dios detiene su mano con la humanidad debido a su misericordia. Pues Él no quiere que ninguno se pierda, sino que todos procedan al arrepentimiento.

Seguramente mucha gente se ha burlado de ti al escucharte decir: "¡Cristo viene pronto! Hay salvación en Jesús". Pero debes seguir creyendo eso y esperando que Él regrese. No te rindas y sigue creyendo, porque te aseguro que Cristo viene pronto.

En los tiempos de Noé, la maldad del mundo era tal que Dios dijo:

> "Raeré de sobre la faz de la tierra a los hombres que he creado, desde el hombre hasta la bestia, y hasta el reptil y las aves del cielo; pues me arrepiento de haberlos hecho. Pero Noé halló gracia ante los ojos de Jehová" (Génesis 6:6-8)

Si la gracia de Dios se manifestó en la vida de Noé, ¿cuánto más se manifestará para nosotros en este tiempo? Noé halló el favor de Dios.

> "Estas son las generaciones de Noé: Noé, varón justo, era perfecto en sus generaciones; con Dios caminó Noé. Y engendró Noé tres hijos: a Sem, a Cam y a Jafet. Y se corrompió la tierra delante de Dios, y estaba la tierra llena de violencia. Y miró Dios la tierra, y he

aquí que estaba corrompida; porque toda carne había corrompido su camino sobre la tierra. Dijo, pues, Dios a Noé: He decidido el fin de todo ser, porque la tierra está llena de violencia a causa de ellos; y he aquí que yo los destruiré con la tierra" (Génesis 6:9-13).

En medio de un mundo descontrolado por la maldad había una familia que se mantuvo viviendo bajo los preceptos de Dios y recibió una nueva oportunidad. Dios siempre tiene un plan perfecto. Él encontró a Noé como te encontró a ti. Noé halló gracia frente a Dios porque junto con la gente de su casa decidieron servirle. En este tiempo tenemos que establecer la diferencia, siendo mejores personas cada día.

Noé no era un hombre cristiano, ya que Cristo aún todavía no había nacido. Él era un hombre temeroso de Dios, equilibrado en sus pensamientos, pero no era un hombre perfecto. Noé había decidido ser un hombre bueno y amar al Dios que está en los cielos. Él no tenía ley para seguir ni instrucciones para vivir, solo decidió amar a Dios con todo su corazón. Lo que había recibido de sus padres lo enseñó a sus hijos, y así de generación en generación.

¿Qué excusas podemos tener hoy nosotros para no hacer lo bueno y responder al llamado que Dios nos ha hecho? Él nos dejó su palabra para distinguir entre lo bueno y lo malo. Además están las leyes para obedecerlas, pues no hacerlo te hace transgresor de ellas.

Dios busca que lo amemos, no porque haya un papel que diga que hay que hacerlo, sino porque deseamos recibir sus bendiciones y para que Él se agrade de nosotros.

A pesar de la corrupción y la violencia, Noé, sin tener al

Espíritu Santo, pudo resistir. Como iglesia tenemos que despertar del sueño que nos tiene adormecidos.

Instrucciones a seguir

En Génesis 6:14 Dios le da las instrucciones a Noé para que construya el arca. Luego le dice:

> "Y he aquí que yo traigo un diluvio de aguas sobre la tierra, para destruir toda carne en que haya espíritu de vida debajo del cielo; todo lo que hay en la tierra morirá. Mas estableceré mi pacto contigo, y entrarás en el arca tú, tus hijos, tu mujer, y las mujeres de tus hijos contigo" (Génesis 6:17-18).

Se estima que Noé tardó un promedio de 100 años para construir el arca. Tuvo que haber tenido mucha oposición de los que lo rodeaban. Pero a Noé no le importó lo que los demás decían. A ti tampoco debe interesarte cómo Dios lo va a hacer, sino comprometerte a seguir sus instrucciones.

En ese tiempo el arca construida por Noé salvó a su familia y a los animales. En este tiempo, el arca se llama Jesucristo, y nosotros estamos edificando su obra para que la gente llegue y sea salva. Tenemos que edificar familias completas que entren al arca de la salvación.

¡No te rindas! Debes ser uno de los constructores del arca, aunque tengas oposición. Haz lo que tienes que hacer, lo demás lo hará Dios. Sé uno de los ocho que entró en el arca.

El número ocho significa nuevo comienzo. En siete días Dios hizo la tierra y descansó, luego entró en pacto con el hombre que, aunque no tenía ley, vivía consciente que había un Dios al cual debería honrar.

*Tenemos que edificar familias completas
que entren al arca de la salvación.*

Esta decisión nos puede costar la vida, pero nuestra comisión es hacer discípulos a todas las naciones de la tierra. Dios te dio algo para que lo multipliques. Haz lo que tengas que hacer para que las cosas cambien.

Hay muchos que desean cosas pero nunca hacen nada. Imitemos a Noé, su fe lo ayudó a construir el arca, y por haber sido obediente Dios le dijo: "Entra tú y toda tu casa en el arca; porque a ti he visto justo delante de mí en esta generación" (Génesis 7:1).

El Señor vendrá a levantar su Iglesia y no quiere que ninguno tenga excusa de decir que nadie le advirtió. Antes, cuando estábamos en pecado, nadie decía nada de nosotros y nuestras acciones, ahora todos se burlan porque estamos en Cristo. Yo te animo a que te mantengas en Cristo.

Noé predicó durante 120 años advirtiendo que el diluvio llegaría. ¡No te rindas tú! ¡Iglesia, no te rindas! Nadie tiene un mensaje más fuerte y poderoso que el que Jesucristo da. Él está buscando hombres comprometidos como Noé, que estén dispuestos a soportar burlas y críticas, a pasar dificultades, pero que sigan firmes en su convicción de que están haciendo la obra correcta en Cristo.

Haber atravesado momentos tan difíciles hicieron de mí una guerrera, una luchadora incansable. Había mucho que hacer por delante, pero también sabía que la batalla que el enemigo me había declarado no terminaba ahí. Debía estar alerta y en oración, siempre.

¿Alguna vez te has encontrado en una situación tan difícil, que en vez de glorificar a Dios por la victoria te has quejado delante de Él? Seguramente en muchas oportunidades hemos actuado de esa manera. Dios conoce nuestra naturaleza humana, por eso ha documentado en su Palabra experiencias donde las armas de guerra de su pueblo han sido la alabanza y la oración.

En vez de preocuparte por las pruebas, concentra tus fuerzas en tener una mayor intimidad con Dios y cumplir el propósito por el cual has sido llamado. Todos tenemos problemas, y estos llegan a nuestra vida para desafiar nuestra fe.

Jesús ya ha prometido la victoria. Se puede experimentar el gozo y la paz durante los momentos de prueba, porque su palabra dice: "Tú guardarás en completa paz a aquel cuyo pensamiento en ti persevera; porque en ti ha confiado" (Isaías 26:3).

Con cada prueba surge una hermosa oportunidad para que Dios se glorifique y avergüence a nuestro adversario. Cada momento de dificultad finalizado en victoria trae consigo un nuevo nivel de unción en nuestra vida.

Capítulo 9

El milagro completo

ESPUÉS DE DOS meses de recuperación del trasplante, regrese a Puerto Rico, a mi casa. Desde mi llegada al aeropuerto estaba feliz por el hermoso recibimiento. El acompañamiento durante todo el camino hasta llegar a mi hogar fue maravilloso. Los hermanos se habían apostado en las orillas de la calle con pancartas para darme la bienvenida. Me sentía tan emocionada que lloraba y reía al mismo tiempo. Muchos sentimientos surgían a la vez.

El siguiente domingo, la Iglesia había preparado una hermosa fiesta de bienvenida. Cada familia de la congregación me esperaba con pancartas, cruzacalles y letreros en sus manos, alababan y daban gracias a Dios por el milagro de vida que yo había experimentado.

Emocionada el día de mi llegada a la iglesia después de tantos días

Más emotivo aun fue ser recibida en el altar de nuestra iglesia por el Rev. William Echevarría y su esposa, padres de Evelyn, la joven donante del hígado, que habían asistido al servicio ese domingo. Con hermosas palabras él exhortó a la iglesia a que me cuidaran, pues Dios me había dado vida y dentro de mí había parte de su hija. Sus palabras arrancaron las lágrimas de muchos, pero nació gran admiración hacia él, pues se estaba refiriendo a su hija ya fallecida. Disfruté mucho de esa reunión. ¡Extrañaba tanto a mi iglesia y a mi gente!

Los días pasaban y yo continuaba recuperándome poco a

poco. Fueron muchos los cambios de vida que tuve que realizar. Por ejemplo, a mí me gusta demostrar mi cariño con besos y abrazos, y tuve que limitarme solamente a expresarlo con mis familiares más íntimos, siempre teniendo muchas precauciones. Como parte del tratamiento tomo medicamentos inmunosupresores, y todos los lunes tenían que tomarme muestras de sangre y enviarlas a la *Clínica Mayo* para realizar el monitoreo correspondiente hasta el día de hoy.

Adicional a esto, todavía existía esa antigua metástasis en los pulmones, la cual nunca había desaparecido, pero siempre con la esperanza que los médicos tenían de que disminuyera. Cada placa que me realizaba mostraba una realidad: el cáncer todavía estaba ahí. No crecía pero tampoco disminuía. Sólo mi familia más cercana conocía este hecho. Orábamos en silencio declarando un milagro extra en mi vida.

Varios predicadores que tuvieron la oportunidad de ministrar en nuestro templo, fueron usados por Dios para declararme que aún me quedaban muchos años de vida. Anunciaban desde el cielo que no moriría, sino que el ministerio estaba comenzando. A algunos de ellos Dios les mostró los fuertes dolores que padecía.

En una ocasión, el apóstol Guillermo Maldonado, mi padre espiritual, a través de una palabra de ciencia declaró que nunca más tendría que usar medicamentos para el dolor. Así fue hablándome Dios sobre cómo me usaría y qué sucedería con el ministerio.

Cada palabra que Dios me daba me animaba, me fortalecía y despejaba las dudas que pudiera llegar a tener sobre el futuro del ministerio y de mi vida, específicamente. Dios sabía qué palabras usar, específicas para fortalecerme y así repetirlas a mi adversario cuando llegaba para desanimarme.

Dios es bueno. Él no permite que llevemos más carga de la que podemos soportar. Él sabe cuándo y a través de quién hablarnos. También sabe las palabras que necesitamos. Dios se compadece en nosotros. Él se hizo carne.

Con mi padre espiritual el Apóstol Guillermo Maldonado

Experimentó sufrimiento, rechazo, dolor, angustia. Jesús mismo fue reconfortado por ángeles en su hora del Getsemaní. Él se acuerda que en nuestra naturaleza humana necesitamos de su mano poderosa para sostenernos y de una palabra de consuelo para seguir hacia adelante.

El milagro extra

En el año 2008, para la celebración de nuestro vigésimo quinto aniversario en el ministerio, me realicé una tomografía computada. Esta es una prueba muy específica que revela el progreso del cáncer en cualquier área del cuerpo. Ese día sentía y anticipaba en mi corazón que algo maravilloso estaba a punto de suceder.

Dios se compadece de nosotros.

131

Cuando el doctor llegó con los resultados dijo: "¡Ojalá todos los días pudiera dar este tipo de noticias! No hay rastros de cáncer en sus pulmones. Ha desaparecido".

Te imaginarás la alegría que invadió mi corazón. Lo único que pude hacer fue darle la gloria a Dios. Llamé a mi madre y a mis hijas. No podía contenerme. Decidí esperar hasta el siguiente domingo para darle la noticia a la iglesia y celebrar esta gran victoria junto a ellos. Fue muy difícil callar ese gran milagro por algunos días. Había vivido una prueba muy grande y el milagro finalmente había sido completado.

Tengo que señalar que aún cuando superé la operación del trasplante, y mi recuperación había sido exitosa, todavía continuaba rodeada de una nube de oración, pues todos esperábamos que el milagro se completara.

La sorpresa que recibió la iglesia ante la noticia fue doble. Primero porque no sabían que por tanto tiempo había estado predicando, ministrando, y con metástasis de cáncer en los pulmones. Segundo, porque escuchaban que Dios había hecho desaparecer el cáncer en los pulmones para su gloria. En la congregación había llanto, alegría, una mezcla de emociones diversas. Fue un día de gran celebración.

Antes y después del trasplante, cada vez que podía oraba por los enfermos. Nunca dudé del poder sanador de Dios. Al orar por ellos y estos sanarse, lo celebraba como si fuera mi propio milagro, sabiendo que un día se manifestaría mi sanidad completa.

Atravesar esta crisis de enfermedad y salir airosa fue ver a *Jehová Rapha* manifestado en mi vida. Comencé a hablarle a la enfermedad y a los espíritus inmundos con mayor autoridad para que los enfermos fueran sanos.

Una nueva dimensión de autoridad se manifestó en mi vida al haber conquistado el cáncer. Sabía que no había enfermedad que pudiera sujetarse al pronunciar el nombre de Jesús. Desde ese día en adelante, disfruto declarar que por las llagas de Jesús hemos sido todos curados.

Fe para creer

Confieso que todo lo que viví fue muy fuerte, pero la paz de Dios siempre me dio seguridad. Aunque pensamientos de temor y dudas venían a mi mente, nunca faltó mi Consolador, el Espíritu Santo, quien me recordaba la Palabra. Esa Palabra vino a ser el combustible que aumentaba mis fuerzas y la medicina que sanaba mi cuerpo.

Cuando la fe del patriarca Abraham fue probada, la Biblia dice que él no consideró su cuerpo.

"Y no se debilitó en la fe al considerar su cuerpo, que estaba ya como muerto (siendo de casi cien años), o la esterilidad de la matriz de Sara. Tampoco dudó, por incredulidad, de la promesa de Dios, sino que se fortaleció en fe, dando gloria a Dios, plenamente convencido de que era también poderoso para hacer todo lo que había prometido" (Romanos 4:19-21).

Durante el tiempo de recuperación del post operatorio, tomé la determinación de no considerar los síntomas, el dolor, ni cualquier otro reporte negativo que los médicos dijeran.

Cuando tomamos la Palabra de Dios para actuar y vivir por ella, hacemos la diferencia de vivir una vida victoriosa en Cristo Jesús. Dios ha diseñado todo para que su pueblo camine por fe, y no por lo que puedan decir los cinco sentidos naturales del cuerpo. "Porque por fe andamos, no por vista" (2 Corintios 5:7). Sin fe es imposible agradar a Dios.

Debemos comprender que este caminar en Cristo es por fe, y que la fe no busca una manifestación en el mundo natural para creer, por el contrario, cree para entonces ver.

De acuerdo a la Palabra de Dios, la fe hará que Dios se mueva a nuestro favor para producir los resultados esperados. Es como el título de propiedad de un terreno. Legalmente hablando sabemos que ese documento nos hace dueños legítimos, aun sin haber visto lo que nos pertenece.

De la misma manera la Palabra de Dios, espiritualmente hablando, nos hace saber que somos los dueños de cada una de las promesas de Dios, aun sin haberlas visto.

Es tiempo de que comencemos a creer con el corazón y no con el razonamiento. El error de muchas personas es que razonan y le buscan la lógica natural a la Palabra de Dios. La fe crece en el corazón por causa de la Palabra de Dios. Haga que la Palabra sea la autoridad final en su vida.

Dejemos que la Palabra de Cristo more, resida, viva, y encuentre un lugar donde multiplicarse en abundancia en nosotros. *"La palabra de Cristo more en abundancia en vosotros, enseñándoos y exhortándoos unos a otros en toda sabiduría, cantando con gracia en vuestros corazones al Señor con salmos e himnos y cánticos espirituales"* (Colosenses 3:16).

La PALABRA es Dios mismo hablándote a ti. La PALABRA toma el lugar del Jesús que no podemos ver con nuestros ojos naturales. Meditar en la PALABRA es tener una visitación de Jesús. Dios y su PALABRA son uno. Dejar que la PALABRA tenga dominio sobre nosotros es darle el dominio a Jesús sobre nuestra vida.

¡Qué maravilloso es nuestro Dios, que ha dado su Palabra para que ella produzca en nosotros la fe que mueve montañas!

Vendrán momentos en que el enemigo lanzará su ataque para destruirnos, más el Señor estará a nuestro lado para darnos la victoria. En esos momentos difíciles es cuando más debemos confiar y creer con nuestro corazón.

> Meditar en la PALABRA es tener
> una visitación de Jesús.

En Mateo capítulo 4 se relata la tentación de Jesús, la cual evidencia que la palabra es nuestra espada contra los ataques del enemigo. Cuando Jesús fue llevado por el Espíritu al desierto para ser tentado por Satanás, fue su conocimiento y declaración de la Palabra lo que hizo que ganara definitivamente ese combate contra el enemigo.

La estrategia del diablo siempre es la misma. Él trata de que pongamos en duda la Palabra de Dios. A Eva le dijo: "¿Con que Dios os ha dicho...?". Pero ella no usó la Palabra para refutarlo, fue engañada. No así Jesús, porque Él era la palabra encarnada, y aunque el enemigo citó la Palabra incorrectamente, Jesús no cayó en su trampa y le ordenó que se fuera.

Para usar la Palabra con toda autoridad primero debemos conocerla y luego creerla. Muchos cristianos sucumben ante el ataque del diablo por su desconocimiento de las Escrituras. Se cumple lo que dijo el profeta Oseas: "Mi pueblo fue destruido, porque le faltó conocimiento" (Oseas 4:6).

Otros cristianos caen en la trampa del diablo porque cierran su boca por falta de autoridad espiritual. No debemos conformarnos con el sólo hecho de haber aceptado a Jesús. La Palabra nos exhorta a crecer en la gracia y conocimiento de nuestro Señor y Salvador Jesucristo.

No te dejes conquistar

El principio de la sabiduría es el temor a Jehová que viene al oír, entender y obedecer. Por eso es necesario conocer la Palabra de Dios, para poder enfrentar a nuestro enemigo y salir a conquistar lo que nos pertenece.

Cuando estamos en tiempo de conquista en el mundo espiritual debemos tener cuidado de que no seamos nosotros los conquistados. Para que esto no suceda es necesario vivir bajo la protección de Dios, de lo contrario las consecuencias serán adversas. Sino veamos lo que le ocurrió al pueblo de Israel:

> "Los hijos de Israel hicieron lo malo ante los ojos de Jehová; y Jehová los entregó en mano de Madián por siete años. Y la mano de Madián prevaleció contra Israel. Y los hijos de Israel, por causa de los madianitas, se hicieron cuevas en los montes, y cavernas, y lugares fortificados" (Jueces 6:1-2).

Israel era un pueblo llamado a estar en los lugares de importancia y a permanecer allí, pero cuando cedió a causa de la presión se expuso a caer de la gracia de Dios.

Aunque haya luchas y batallas, y quizás en el momento no lo veas, lo que Dios prometió para tu vida no lo cambiará. Ninguna presión del infierno hará que los preceptos cambien, pues los fundamentos son claros. Hay que saber en quién se ha creído y a quién servimos. Hay que recordar que en el tiempo de Dios todo es mejor.

Pon tu confianza en Jehová. Empieza por conocerlo, a sacarlo del concepto religioso donde lo han encerrado, remuévelo del cuadro donde lo han enmarcado y permite que te acompañe en tu vida cotidiana. Dios te ama y quiere tener una relación personal contigo, deja el miedo y búscalo.

"Fíate de Jehová de todo tu corazón, y no te apoyes en tu propia prudencia" (Proverbios 3:5).

Cuidado al tomar decisiones que puedan afectar tu futuro. Aunque se nos otorgó libre albedrío, Dios nos ha dado la oportunidad para contar con Él antes de dar cualquier paso. Somos los que tomaremos la ruta a seguir, pero debemos hacerlo bajo la voluntad de Dios y no por nuestra propia voluntad. Aquí estriba la diferencia entre los resultados que obtendremos al final de la carrera.

Si el príncipe de este mundo se ha levantado contra ti, no pierdas tu lugar, ya has escalado mucho y vas en ascenso. Dios tiene para ti un premio que ningún hombre puede invalidar. Ningún hombre puede destruir el llamado de Dios.

"Pues sucedía que cuando Israel había sembrado, subían los madianitas y amalecitas y los hijos del oriente contra ellos; subían y los atacaban. Y acampando contra ellos destruían los frutos de la tierra, hasta llegar a Gaza; y no dejaban qué comer en Israel, ni ovejas, ni bueyes, ni asnos. Porque subían ellos y sus ganados, y venían con sus tiendas en grande multitud como langostas; ellos y sus camellos eran innumerables; así venían a la tierra para devastarla" (Jueces 6:3-5)

Cuando era el momento que los israelitas debían estar expuestos, se escondían en cuevas y cavernas. El enemigo aprovechaba su falta de autoridad y los atacaba. El reino de Dios se establece a través de lo que gobierna tu vida. Cuando eres gobernado por el Dios de los cielos y te dejas dirigir por la Palabra de Dios, eres tú quien establece el reino de Dios por tus principios, por tu estilo de vida y por lo que eres.

Cuando compartes tiempo con otras personas y ellos ven que tú no adoras imágenes y no practicas la inmoralidad que la gente practica, estableces el reino de Dios y su justicia a través de tu forma de vivir. Eso es autoridad de Dios para conquistar.

El reino de Dios se establece a través
de lo que gobierna tu vida.

El reino de Dios no es un letrero, es el estilo de vida de un hombre y una mujer que se han rendido a Dios, y que ahora es gobernado por el Rey de reyes y Señor de señores.

Tenemos que ser cuidadosos. Nos unimos tanto al mundo que estamos perdiendo de vista la esencia de lo que somos. El peligro de esto es que el mundo comienza a ejercer influencia sobre nosotros.

"De este modo empobrecía Israel en gran manera por causa de Madián; y los hijos de Israel clamaron a Jehová. Y cuando los hijos de Israel clamaron a

Jehová, a causa de los madianitas, Jehová envió a los hijos de Israel un varón profeta, el cual les dijo: Así ha dicho Jehová Dios de Israel: Yo os hice salir de Egipto, y os saqué de la casa de servidumbre. Os libré de mano de los egipcios, y de mano de todos los que os afligieron, a los cuales eché de delante de vosotros, y os di su tierra; y os dije: Yo soy Jehová vuestro Dios; no temáis a los dioses de los amorreos, en cuya tierra habitáis; pero no habéis obedecido a mi voz" (Jueces 6:6-10).

Cuando nuestro enemigo crece, nosotros nos empobrecemos. Pero aún siendo infieles, Dios permanece fiel desde el inicio. La fidelidad de Dios es eterna y perfecta. Con nuestras experiencias humanas hemos manchado nuestra propia imagen del concepto de fidelidad. Pero Dios nunca dejará de ser fiel, y así permanecerá a pesar de nuestras fallas. El Señor escuchó el clamor y envío un profeta para que le hable al pueblo. Siempre Dios nos va enviar palabra frente al clamor.

La gente de Dios tiene que caminar en verdad. Debemos velar que nadie nos engañe y que la información que recibamos sea de la fuente verdadera, que es la Palabra de Dios. Debemos encontrar la verdad, que es Jesucristo. La verdad no está basada en ciencia, religión, filosofía, ni ningún otro tipo de información que podamos recibir. La verdad está basada en Dios.

Es tiempo de sacudirse de los madianitas que quieren acabar con lo que tú eres y tienes. Por eso dijo Dios que su pueblo "no había obedecido su voz". Mantener la bendición de Dios en tu casa conlleva obediencia, y esta no se demuestra solamente con ayudar al prójimo en algunas ocasiones, evitando las tentaciones o solo por asistir esporádicamente a la iglesia. La obediencia es mucho más que eso. Es hacer lo que Dios dice cuando Él lo dice, por el tiempo que Él definió y con las instrucciones precisas de cómo lo decretó.

Un conocedor de la palabra no perecerá, antes bien crecerá. Es importante conocer a Dios y su Palabra. Crecer en el conocimiento de Dios no es una opción, sino que es un mandato que el cristiano debe cumplir. La importancia de conocer al Padre se basa en que Él se glorifique, y para eso fuimos nosotros creados. Es su voluntad que le conozcamos cada día más y cada vez mejor. Procurar conocer a Dios cada día debe ser parte esencial de todo creyente. El conocimiento es más importante que todo el oro y la plata del mundo, tal como lo enseñó Salomón en el Antiguo Testamento.

> "Y el ángel de Jehová se le apareció, y le dijo: Jehová está contigo, varón esforzado y valiente. Y Gedeón le respondió: Ah, señor mío, si Jehová está con nosotros, ¿por qué nos ha sobrevenido todo esto? ¿Y dónde están todas sus maravillas, que nuestros padres nos han contado, diciendo: ¿No nos sacó Jehová de Egipto? Y ahora Jehová nos ha desamparado, y nos ha entregado en mano de los madianitas" (Jueces 6:12-13)

Gedeón era un hombre de integridad y firmeza, que quería estar en la presencia de Dios. Es otra generación que representa la gente que cree por fe y que verá la gloria. El ángel le dijo que él enfrentaría a los madianitas y los vencería como si fuera un hombre solo.

"Pero Jehová le dijo: Paz a ti; no tengas temor, no morirás" (Jueces 6:23)

Dios envía a Gedeón para que corte finalmente con el yugo de dominio y destrucción que había sobre Israel. Hay veces que debemos cortar de raíz con relaciones malsanas, que nos oprimen y nos obligan a hacer cosas que no están bien ante la presencia de Dios. Las cosas de Dios son buenas, maravillosas, las mejores. Él nunca tendrá un ofrecimiento amargo para su pueblo. Nunca tendrá un pesar, a no ser que el pueblo se aparte de los preceptos y estatutos de Dios. Esto no significa que Dios envía castigos, sino que se salen del marco de la protección de la Palabra.

Estamos en un tiempo donde tenemos que combatir con nuestras armas espirituales. Los dardos del enemigo se combaten con el escudo de la fe. Tenemos que estar vestidos con toda la armadura de Dios para poder resistir en este tiempo.

✗ No te rindas ante ninguna amenaza. Si Dios te ha levantado, te ha ayudado a cruzar por mares de adversidad y desiertos de dolor, Él estará contigo siempre. Tu refugio es el Dios de Jacob. Conquista lo que viene por delante. Todavía hay mucho pueblo por conquistar. Toma autoridad. Asume el gobierno de Cristo sobre tu vida y te aseguro que todo lo que te propongas en el nombre de Jesús lo lograrás, pues Él dijo que estaría contigo todos los días hasta el fin. ✗

Capítulo 10

Testigos de vida

"Pero recibiréis poder, cuando haya venido sobre vosotros el Espíritu Santo, y me seréis testigos en Jerusalén, en toda Judea, en Samaria, y hasta lo último de la tierra".

HECHOS 1:8

¿**Q**UIÉN PUEDE SER testigo? Alguien que puede afirmar, declarar y decir acerca de algún acontecimiento, dicha declaración recibe el nombre de testimonio. Los que no han recibido a Cristo en su corazón no pueden ser testigos ni dar testimonio porque no han tenido la experiencia espiritual de tener un encuentro con Dios. El Espíritu Santo nos ayuda a ser verdaderos testigos de Cristo.

Cuando recibimos al Señor fue porque escuchamos la Palabra de algún testigo y recibimos fe para creer y nos dimos a Dios con el corazón. Dejamos de ser creyentes por la fe sin haber visto o experimentado nada, para convertirnos en testigos del poder de Dios. Inmediatamente comienzan a ocurrir cambios en nuestra vida al ver la gracia y el poder de Dios operando a nuestro favor. El propósito de Dios para nuestra vida es que seamos testigos. Por ejemplo, el testigo de un juicio es la figura más importante dentro de la sala ya que tiene que declarar ante un jurado o juez, y su declaración, al conocer los hechos, puede cambiar el destino de una persona. Pero para que un testigo llegue a declarar en el juicio se le asigna protección. No tengas temor, eres un testigo importante y aunque estés siendo perseguido, Dios te cuidará. Los testigos son muy valiosos. No es sencillo creerle a alguien si no ha sido testigo, o sea que ha vivido y experimentado lo que está relatando.

Llegó la hora de testificar de las grandezas de Dios. Hemos sido llamados a dar testimonio de lo que Jesucristo ha hecho en nuestra vida. Comienza a testificar en tu casa, a tu familia, a los más cercanos a ti. Vivimos en un tiempo en el que mucha gente solo pretende disfrutar de la bendición de Dios, pero a la hora del compromiso no lo aceptan. Si no has vivido la experiencia de recibir el poder de Dios no podrás mantenerte como testigo, de lo contrario la presión del mundo y del mismo infierno nos hará ser parte de la multitud que gritaba: "Crucificadle". Miles en esos tiempos fueron los sanados, y otros tantos fueron los testigos oculares de aquellos milagros, sin embargo no quisieron asumir el compromiso de decir lo que vieron, y al momento de aprehender a Jesús, se escondieron o escaparon.

> Hemos sido llamados a dar testimonio de lo
> que Jesucristo ha hecho en nuestra vida.

El Señor no solo busca discípulos o amigos, Él está buscando testigos. Un testigo se compromete a decir lo que vio y hablar frente a un jurado sin importar la presión que puedan ejercer sobre él. El testigo declara la verdad por encima de la oposición y la adversidad.

La Palabra relata la historia de los diez leprosos que al ver pasar a Jesús se detuvieron y comenzaron a gritar: "¡Jesús, Maestro, ten misericordia de nosotros!". Y el Señor les dijo: "Id, mostraos a los sacerdotes. Y aconteció que mientras iban, fueron limpiados" (Lucas 17:14).

En aquel momento los sacerdotes hacían de médicos, y eran quienes determinaban si las personas estaban sanas o no. Los diez leprosos fueron corriendo, y mientras iban de camino fueron sanados. Solo uno regresó a dar gracias a Jesús. Ese fue el único agradecido por el milagro que había recibido.

Existe también otro personaje descripto en la Biblia que nació ciego, y Jesús al pasar lo vio y lo sanó. Pero volvieron a aparecer los religiosos y le cuestionaban el motivo de su sanidad, pues ellos no entendían cómo estaba sano. Entonces el ciego respondió: "Si es pecador, no lo sé; una cosa sé, que habiendo yo sido ciego, ahora veo" (Juan 9:25). Este hombre no entendía la razón de tantas dudas y preguntas acerca de Jesús, pero una cosa sí sabía: Él fue testigo del poder de Jesús, pues había sido sano.

Pueden cuestionar todo en mi vida, pero nadie nunca podrá decir que Jesucristo no es mi Señor. Él no solamente me sanó, sino que dijo que estaría conmigo todos los días hasta el fin. Mi Señor me libró de la muerte, y eso nadie podrá refutarlo, pues es una experiencia que yo he vivido. El milagro gigantesco que Dios hizo en mi vida nadie lo puede dudar, porque yo lo viví.

Él es el que sana, liberta y rescata. Jesús es la esperanza del mundo. Dios está buscando testigos. ¿Por qué te has callado tanto tiempo? Dios tiene que provocar situaciones para que abras tu boca y comiences a decirle a todos: ¡Dios es bueno!

Hasta Nabucodonosor dijo: "Conviene que yo declare las señales y milagros que el Dios Altísimo ha hecho conmigo" (Daniel 4:2). Es por esa razón que hasta que no reconozcamos la grandeza de Dios en nuestra vida las cosas no van a salir bien.

Todos hemos sido partícipes del favor de Dios, por eso tenemos que testificar lo que hemos recibido. El testimonio es nuestra experiencia personal con Dios, y por esa razón nadie puede negarlo, porque es personal.

Por mucho tiempo hemos pretendido que las personas que no conocen a Dios entiendan nuestra devoción y nuestra forma de adorarlo, pero eso no es posible porque ellos no han vivido la experiencia que hemos tenido nosotros, por esa razón ¿cómo van a entendernos? Tenemos que orar para que ellos también comprendan, y puedan participar y conocer lo bueno que es Dios.

Hace varios años, cuando recién me convertí al Señor, podía

ver en cualquier esquina de la ciudad a gente testificando con un megáfono. La Iglesia siempre se ha caracterizado por testificar lo que Dios ha hecho. Es por eso que tenemos que hablar, porque el mundo necesita conocerlo también.

Testigo para bendecir

¿Qué es capaz de lograr la declaración de un hombre y una mujer ungidos por Dios?

El propósito que Dios tiene para tu vida se cumplirá, siempre y cuando aprendas a confiar y a creer que el que está contigo es Jehová de los ejércitos. No te adelantes ni te atrases. Camina al paso en el que Dios te lleva.

Recuerda siempre esta historia de Elías.

> "Entonces Elías tisbita, que era de los moradores de Galaad, dijo a Acab: Vive Jehová Dios de Israel, en cuya presencia estoy, que no habrá lluvia ni rocío en estos años, sino por mi palabra" (1 Reyes 17:1).

Elías era un desconocido ante el rey Acab, pero fue a decirle lo que ocurriría sobre Galaad: No caería lluvia durante varios años. Al igual que Elías, lo que debe preocuparnos es ser fieles y obedientes a Dios, de lo demás se encargará Él. Para el que le sirve, le cree, le teme y ha tenido intimidad con Dios, siempre habrá una salida.

> "Y vino a él palabra de Jehová, diciendo: Apártate de aquí, y vuélvete al oriente, y escóndete en el arroyo de Querit, que está frente al Jordán. Beberás del arroyo; y yo he mandado a los cuervos que te den allí de comer" (1 Reyes 17:2-4).

Cuando Elías obedeció en declararle esta palabra al rey, Dios le dijo que se apartara a un arroyo. Hoy Dios te está diciendo que es tiempo de apartarte para estar con Él. No es tiempo de beber de cualquier fuente, sino de aquella que Él te suplirá. A veces, lo que vemos es contrario a lo que creemos, y eso puede de alguna manera cambiar nuestra forma de declarar y creer.

En ocasiones, lo que nos rodea es tan fuerte que tenemos que apartarnos un tiempo con Dios para mantener viva la fe, la fuerza, y permanecer enfocados. Aquella persona que está a tu lado, si no tiene tu visión no puede fortalecerte ni aumentar tu fe. Debemos aprender a apartarnos donde está el río de Dios. Allí su presencia te va a bendecir, a levantar y a ayudar.

Elías tenía comunión con Dios. Él no tenía problema de comunicar a otros lo que Dios le decía, sin importarle las consecuencias. Elías desafiaba, creía, proclamaba, decretaba y hablaba lo que salía de la boca de Dios. En este tiempo Dios está levantando un pueblo que tiene el espíritu de Elías, dispuesto a declarar el mensaje que Dios nos ha dado.

> Dios te está diciendo que es tiempo
> de apartarte para estar con Él.

Elías abandonó su "zona de confort" para ir a decirle expresamente al rey: "El pecado ha llegado hasta aquí. Yo soy profeta de Dios, y por mi palabra decreto que no lloverá hasta que yo lo diga".

En este tiempo Dios te levanta con poder para revertir lo que el diablo ha estado haciendo. El espíritu de Elías se ha levantado en el pueblo de Dios para declarar que lo malo es malo y lo bueno es bueno. Siempre que Dios te use y tengas una gran conquista y victoria por delante es tiempo de ir de rodillas para darle gloria, honra a Dios, y meterte bajo su manto; pues el enemigo tratará de rondarte otra vez.

> "Y los cuervos le traían pan y carne por la mañana, y pan y carne por la tarde; y bebía del arroyo. Pasados algunos días, se secó el arroyo, porque no había llovido sobre la tierra. Vino luego a él palabra de Jehová, diciendo: (...)" (1 Reyes 17:6-8).

Cuando el arroyo se seque y no haya más agua vendrán nuevas instrucciones de parte de Dios. Él no te dejará en el mismo lugar. Cuando algo se acaba hay que volver a oír y buscar la voz de Dios. ¡Él tiene un plan más grande y más poderoso! ¡Espera, porque Dios tiene algo mejor! Dios no te quiere metido en una cueva. Él tiene otros planes.

Elías estuvo en el arroyo dependiendo absolutamente de Dios, y cuando el agua se secó le dio nuevas directrices.

> "Levántate, vete a Sarepta de Sidón, y mora allí; he aquí yo he dado orden allí a una mujer viuda que te sustente. Entonces él se levantó y se fue a Sarepta. Y cuando llegó a la puerta de la ciudad, he aquí una mujer viuda que estaba allí recogiendo leña; y él la llamó, y le dijo: Te ruego que me traigas un poco de agua en un vaso, para que beba. Y yendo ella para traérsela, él la volvió a llamar, y le dijo: Te ruego que me traigas también un bocado de pan en tu mano. Y ella respondió: Vive Jehová tu Dios, que no tengo pan cocido; solamente un puñado de harina tengo en

la tinaja, y un poco de aceite en una vasija; y ahora recogía dos leños, para entrar y prepararlo para mí y para mi hijo, para que lo comamos, y nos dejemos morir" (1 Reyes 17:9-12).

La unción que Elías tenía era de vida no de muerte. El Espíritu de Dios te ha ungido para llevar buenas noticias, palabras de esperanza, libertad a los cautivos, ordenar apertura de cárceles, para ordenar gozo en lugar de cilicio. Eres un mensajero de vida.

El propósito de Dios para nuestra vida se tiene que cumplir. Él quiere que vayas a donde los arroyos se han secado, donde ya no queda nada, y comiences a declarar palabra. Tú eres el instrumento de Dios para este tiempo. ¡Dios te llevará donde está la necesidad!

Cuando el profeta de Dios llega con una palabra de unción, transforma, lanza, levanta y da vida. Por la Palabra declarada fueron hechos los cielos y la tierra. La Palabra de Dios te alimenta, da vida y activa lo que hay dentro de ti.

"Elías le dijo: No tengas temor; ve, haz como has dicho; pero hazme a mí primero de ello una pequeña torta cocida debajo de la ceniza, y tráemela; y después harás para ti y para tu hijo" (1 Reyes 17:13).

¡Darle a Dios lo primero que tenemos es tener Fe! Elías sabía quién lo había sustentado en el arroyo. Él sabía que por su palabra los cielos se habían cerrado, por eso no tenía duda de aquello que declarara sobre esa mujer se cumpliría. ¡Aprende a confiar en Dios!

Solo cuando hacemos lo que Dios nos ha dicho, aunque el mundo nos ridiculice y no lo entienda, llega el respaldo.

"Porque Jehová Dios de Israel ha dicho así: La harina de la tinaja no escaseará, ni el aceite de la vasija disminuirá, hasta el día en que Jehová haga llover sobre la faz de la tierra" (1 Reyes 17:14).

La harina representa las finanzas, el sustento y la bendición. Cuando nadie tenga, tú tendrás suficiente para bendecir a otros. Elías, el hombre de Dios, llegó a Sarepta no para su propia bendición, pues Dios podía seguir supliéndole en el arroyo, él fue a bendecir a los demás.

"Entonces ella fue e hizo como le dijo Elías; y comió él, y ella, y su casa, muchos días. Y la harina de la tinaja no escaseó, ni el aceite de la vasija menguó, conforme a la palabra que Jehová había dicho por Elías" (1 Reyes 17:15-16).

Dios siempre nos suplirá todo lo que nos haga falta conforme a sus riquezas en gloria.

Un pastor chino se encontró con un recién convertido, a quien le preguntó:

—Joven, ¿es cierto que hace apenas tres meses que conoce al Señor?

—Sí, felizmente es cierto.

—¿Y cuántas almas ha ganado para Jesús?, —le preguntó el pastor.

—¡Oh! —exclamó el recién convertido—, pero si apenas

estoy aprendiendo, y recién ayer pude conseguir un Nuevo Testamento completo.

—¿Usa usted velas en su casa?, le preguntó el pastor.

—Sí señor.

—¿Y usted espera que la vela se haya consumido hasta la mitad para que empiece a alumbrar?

El joven convertido comprendió la lección y empezó a trabajar. Y antes de seis meses ya se habían convertido algunos de sus amigos y vecinos. Y tú, ¿qué esperas para ser un testigo?

No permitas que nada ni nadie te cierre la boca. ¡Testifica lo que Dios ha hecho en tu vida! Un testigo da testimonio afirmando y declarando lo que Dios ha hecho. Cuenta cuán grandes maravillas ha hecho Dios contigo.

Sonriendo...

Han pasado algunos años desde que fui trasplantada. Desde ese momento, todos estos años han sido de gran bendición. He viajado a muchas naciones sembrando el mensaje de fe, de amor y de esperanza. Tremendas sanidades y milagros se manifestaron y continúan ocurriendo en cada reunión donde comparto el mensaje de Jesús.

Construimos un hermoso centro de retiro llamado *Senda Casona*. Allí, cientos de personas acuden para buscar el rostro del Señor. Al mismo tiempo se fundó la *Academia Cristiana Yarah* donde se están formando los ciudadanos del mañana con valores integrales. Fundamos también la *Universidad Teológica C.A.S.A.* y el *Colegio Apostólico Senda Antigua,* donde se equipan líderes para avanzar en el Reino. Se levantó una *Casa de Oración 24/7,* donde se puede ir a orar a toda hora. Se construyeron los nuevos

> No permitas que nada ni
> nadie te cierre la boca.

En la actualidad los programas de televisión se transmiten en más de 40 países y a través de la radio con *Impactando Las Naciones*. Todo esto hemos logrado por la gracia y el favor de nuestro Dios, que nos ha dado vida y vida en abundancia.

Mi esposo Pablo recuerda que en una ocasión, cuando tuvo que regresar a Puerto Rico mientras yo esperaba por el trasplante en Jacksonville para verificar algunas cosas de la iglesia, le fue muy difícil regresar sin mí. Cuando llegó a la ciudad y pasó por el frente del templo, se llenó de mucha tristeza y se detuvo a contemplar una foto mía donde yo estaba sonriendo.

Sus lágrimas cubrieron su rostro. Estaba desconsolado en una gran incertidumbre, pues la realidad es que no se sabía qué iba a ocurrir conmigo. En ese momento Dios le habló y le dijo: "Pablo mira bien ese retrato donde Wanda está sonriendo. Así regresará, porque ella estará sonriendo como siempre".

Mi esposo fue fortalecido por el Señor de una manera sobrenatural. Lo que Dios le dijo se cumplió. Desde que llegué a Puerto Rico comencé a sonreír y sigo haciéndolo por la fidelidad de Dios.

La palabra que declaré desde que comenzó la prueba fue: "No moriré, sino que viviré, y contaré las obras de Jehová" (Salmo 118:17).

No le temo a la muerte, pues conozco lo que dice la Palabra

del Señor acerca de la eternidad. Sé que tengo vida eterna en Cristo Jesús. Pero Dios me dio vida para seguir trabajando y estableciendo su Reino y su justicia cumpliendo así la Gran comisión: "Id por todo el mundo y predicad el evangelio a toda criatura" (Marcos 16:15).

¡Gracias Señor por el Milagro de la vida y tu inmenso amor!

Carta al lector

Si este libro ha llegado a tus manos es porque tiene un mensaje especial para tu vida. Tal vez esta es la gran oportunidad para que tu vida sea transformada, encuentres ánimo en tu necesidad y puedas conocer a la persona más importante: Jesucristo.

Si necesitas conocer a Jesús y quieres abrirle tu corazón, recibir de su paz y de su Salvación, repite conmigo estas palabras:

Amado Padre, sé que he pecado y que mis errores me han separado de ti. Me arrepiento de ellos y deseo caminar en la senda correcta hacia ti. Por favor, perdóname y ayúdame a no pecar de nuevo.

Creo que tu hijo Jesucristo murió por mis pecados, resucitó de la muerte, está vivo y escucha mi oración.

Invito a Jesús a que sea el Señor de mi vida y que reine en mi corazón desde hoy y para siempre.

Que tu Espíritu Santo me ayude a hacer tu voluntad.

En el nombre de Jesús.

Amén.

Ahora permíteme hacer una oración por ti:

Padre, te doy gracias por el inmenso amor que tienes por nosotros. Por el privilegio de haber sido llamados para servirte. Mi Dios bendice a la persona que ha leído este libro. No permitas que se contamine. Que nunca deje de de confiar en ti, no importa lo que esté ocurriendo en su vida.

Tú eres nuestro Sanador, nuestro Ayudador, nuestro Pronto Auxilio, nuestro Socorro en toda tribulación. Tú eres el que adiestra nuestras manos para la batalla. Tú eres el que nos ha dado la victoria. Eres el que santificas nuestra vida a través de la sangre de Cristo.

Me uno a mi hermano/a para pedirte perdón si en algún momento hemos desconfiado de ti. Te pedimos perdón si por nuestros labios han cruzado palabras de desconfianza. Nosotros sabemos que tú lo harás. Tú sabes lo que es mejor.

En el nombre de Jesús.

Amén,

Si quieres escribirnos y contarnos tu testimonio, dejarnos tu pedido de oración o darnos tus comentarios acerca del libro, puedes hacerlo a: alaba@alaba.org

Visita nuestra página de internet y conoce más de nuestro ministerio: www.alaba.org

ACERCA DE LA AUTORA

E N 1983 Dios la llamó a servirle. Hizo sus estudios teológicos en el Instituto Interdenominacional Teológico. También obtuvo certificación en Consejería Pastoral en el Centro de Consejería Sendero de la Cruz.

Su pastorado comenzó en el pueblo de Toa Alta, con una congregación compuesta por siete personas. Allí fundó, junto a su esposo el pastor Pablo Ortega, La Primera Iglesia Cristiana La Senda Antigua. El 25 de julio de 2000 inauguró el Tabernáculo de Alabanza y Restauración La Senda Antigua. Allí pastorea una creciente iglesia que supera los 3,500 miembros.

Desde el 2002 ha organizado y celebrado de forma consecutiva la Vigilia Dios Alumbra Puerto Rico, en las escalinatas norte del Capitolio de Puerto Rico. Un evento que se celebra el último sábado del mes de abril por proclama otorgada por el Senado de Puerto Rico, el cual reúne miles de personas de diferentes denominaciones y sectores de la sociedad, incluyendo senadores, alcaldes y representantes del gobierno, para orar e interceder a favor de nuestra tierra.

En el 2005 recibió en una muy emotiva ceremonia, su Doctorado en Divinidad de Vision International University con sede en Ramona, California. En el mismo año LULAC (Liga de Ciudadanos Latinoamericanos Unidos) la reconoció por su trabajo religioso. En el 2006 fue recibida como Miembro Honorario de

No moriré

Manchester Who's Who y su biografía publicada en la Edición de Honor.

Nuestra hermosa familia

LIBROS QUE
INSPIRAN, APASIONAN
Y TRANSFORMAN VIDAS

978-1-61638-107-3

978-1-61638-080-9

978-1-61638-089-2

978-1-61638-071-2

978-1-61638-083-0

978-1-61638-108-0

DISPONIBLE EN LA LIBRERÍA MÁS CERCANA

www.casacreacion.com

CASA
CREACIÓN